かしこい子がつけている圧倒的基礎学力

陰山英男

くもん出版

はじめに

私は、何人もの教師を尊敬し、さまざまな学びを得てきました。中でも三人、その根本となる教えをいただいた教師がいます。一人は、私にとって最も大事な百ます計算の創始者、岸本裕史《きしもとひろし》先生、そして江戸時代の寺子屋の指導の根本を作った貝原益軒《かいばらえきけん》先生、そしてもう一人が公文の創始者、公文公《くもんとおる》先生です。

なぜ公文先生なのか。公文式は、トップ大学に合格する多くの学生や、特別支援にかかる課題を抱える子どもたち、また老化と戦う高齢者たちなど、多くの人たちの人生を支えているからです。

公文式は、基礎学力育成において重要な原則を踏まえています。教えられなくても自分でできること、多くのレベルの教材を用意し、その子に相応しい教材を少しずつ提供できるシステム、それは私が学校で子どもを伸ばしてきた原則とまったく同じでした。

最も重要なのは、基礎が応用のために存在するのではないことです。基礎の力自体を低いレベルから高いレベルに積み上げていかなければなりません。そしてその高いレベルの基礎があってこそ、応用というものが生まれてくるのです。

よく「陰山メソッドは公文式と同じなのですか？」と質問されます。原則はまったく同じです。ただそのための工夫のあり方が違うというだけです。その共通項の中に圧倒的な子どもの成長を生み出す最も効果的な方法が見えてきます。

一度の学習量が適切であること。時間を計り、集中する。教えられるのを待つのではなく、自分でやれるものを自分で進めていく。こうした当たり前のことを当たり前にしていくことこそ、子どもが伸びていく道筋です。このことを理解してもらえれば、どこまでも高度になっていく学習や試験に対し、最も効果的な学習方法、教材を知ることができるはずです。

基礎学力に対するその重要性の認識がより正確なものとなり、子どもたちの学習に生かされていくことを願っています。

目次

第1章 なぜ、基礎学力が大事なのか

第2章

公文の先生と考える基礎学力

第3章 集中反復で基礎学力を身につける

第4章 小学校の学習

第5章 我が子の学力を伸ばすために家庭でできること

第1章

なぜ、基礎学力が大事なのか

1 保護者の皆さんから感じる漠然とした不安

私は、小学校の教師だったころから、一貫して小学生の学力をあげることをライフワークにしてきました。現在の活動では、学習塾陰山式スコーラに通っていただいているお子さんの保護者の方や、SNSを通じて、子育て・教育のご相談を受けてお答えしています。その中で、最近特に感じることは、**保護者の方々がもっている漠然とした不安**です。

我が子の教育について、「〇〇ができない」とか「テストの点数が悪い」といった明確な悩みももちろんありますが、それよりも、「何だかよくわからないけれど、今のままでよいのだろうか」「我が子は学校の勉強は大丈夫なのだろうか」「不登校になったりしないだろうか」、という漠然とした不安です。

本書の読者の方も、自分の子どもは、今、学習としては順調だけれど、何となく今のままでよいのか、もっと何かやらせたほうがいいのかなどと思って、本書を手に取っていただいた方も多いのではないかと思います。

この**漠然とした不安には理由があります**。理由の一つ目は、小学校の学習指導要領の改訂で、**保護者の方が学んだ学習内容と今の子どもたちの学習内容に違いがあることです**。

二〇〇二年度（二〇〇三年に一部改正）に実施された学習指導要領では、総合的な学習の時間が新設されたほか、毎週土曜日が休みになるのに合わせて、学習内容が約三割減りました。子どもたちに「考える力」をつけるために、いわゆる「ゆとり教育」の方向にかじを切ったのです。

その後、二〇一一年度に実施された学習指導要領では、「ゆとり教育」からの転換がはかられ、授業時間が約一割増えました。それに合わせて教科書のページ数も増えました。

そして、現在は、二〇二〇年度に実施された学習指導要領にもとづいて、小学三年生から、外国語活動として英語学習が始まり、五年生からは、教科として英語学習が行われています。また「アクティブ・ラーニング」と言われる「主体的に学ぶ力」を育てる学習内容を、子どもたちは学んでいます。プログラミングも学習内容に含まれるようになりました。

現在の学習指導要領で学ぶ子どもたちの教科書は一層厚くなり、難しくなっています。保護者世代が学んでいない内容も含めて、学習内容が増えているために、我が子の学校での学習が順調なのかわからないということがあります。また、学習内容の変更の情報は断片的にしか入ってこないためにそれが不明であり、我が子の教育に対する漠然とした不安を感じるということになるわけです。

漠然とした不安の理由の二つ目は、時代の変化に伴うものです。ＡＩ（人工知能）の技術発展や利用が進み、十年から二十年後には今ある職業の約四十九％がなくなると言われています。**自分たちとは違う力をつけなければ、我が子が将来仕事に就けないのではないか**、ということからくる不安です。

漠然とした不安の理由の三つ目は、学校に通うということからくるものです。**「我**

が子が不登校になるのでは」という不安ではないかと思います。不登校の小中学生の数は、この十年間で約五倍に増えています。文部科学省が二〇二四年に発表した「令和五年度　児童生徒の問題行動・不登校等生徒指導上の諸課題に関する調査結果について」を見ると、小中学生の不登校者数は十一年連続で増加し、約三十四万六千人、高校生の不登校者数は約六万九千人。どちらも過去最多です。

こうした数字をニュースなどで見ることもそうですが、学校に来られなくなってしまう子は、日本全国のどのクラスにもいますので、その存在はとても身近です。「我が子が学校に通えなくなったらどうしよう」と、漠然と不安になってしまうのも普通のことです。

「不登校児童生徒数の推移グラフ」

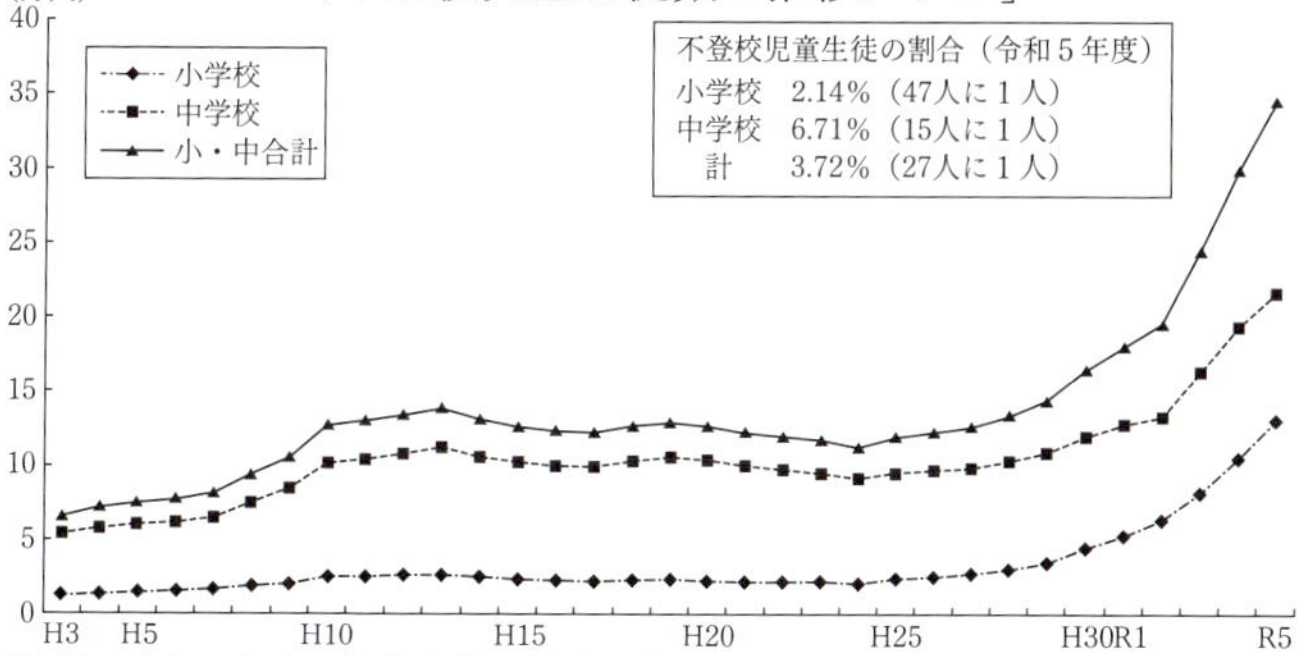

（出展：令和５年度　児童生徒の問題行動・不登校等生徒指導上の諸課題に関する調査結果について／文部科学省 HP より）

不登校の理由や原因はさまざまです。学業不振、いじめや学級崩壊などさまざまありますので、備えようもなく、保護者の方の漠然とした不安につながるのではないかと思うのです。

2 現在の教育が抱えるさまざまな問題点

私が、現在の公教育で一番問題だと思うのは、小中学生の不登校の増加ですが、そのほかにもさまざまな問題があります。

まず、**教員になりたいと思う人が減り、教員採用試験の倍率が低くなっている**ことや、合格しても辞退する人が増加していることがあげられます。一九七四年に田中角栄内閣が教員人材確保法を制定し、教員の給与を引き上げた時には、優秀な人材が多く集まりましたが、現在は教員不足が深刻です。高知県教育委員会が二〇二四年に行った小学校の教員採用試験では、合格した二百八十人のうち七割を超える二百四人が辞退。追加合格を出したり、二次募集を行ったりしています。

また、岡山県PTA連合会は、会員数の減少を理由に二〇二四年度末で解散しました。都道府県レベルでのＰＴＡ連合会の解散は初めてですが、ＰＴＡがない学校は全国で出てきています。ＰＴＡの必要不必要ということにはいろいろな意見がありますが、学校と保護者の連携には変化があるということです。

最近は**公立の小学校と中学校の連携は増える傾向にあります。しかしそれは実際には全然足りていない**ことも問題だと思います。中学校の先生が小学校の各学年でどんな授業をしているかを見に来ることはありません。ただ、「中学校の学習でこれができていないから、小学校でこれをやりましょう」というところまで踏み込んでいるところはほとんどなく、小学校の教師は中学校のことをまったく知らないというのが一般的です。またそれは小学校の学年間でも同様であり、教育課程の全体像はだれも把握していない現状があるのです。こうした連携がきちんとできていないから、子どもたちが苦労してしまうのです。

さらに、**子育て世代の貧困**も問題です。日本中に子ども食堂があり、二〇二三年度の調査では、九千カ所を超えています。陰山ラボがある場所は京都市内でも比較的裕福な方々が住むエリアですが、最近、私の事務所のすぐ裏にできた食堂に、「子どもさんはタダで食べさせます」と張り紙があり、驚きました。二〇二〇年四月から高等教育の修学支援新制度が始まり、二〇二五年度から多子世帯の学生等について、大学等の授業料・入学金が国が定める一定額まで無償になります。金銭的には大学に行くハードルは低くなりますが、ただ、大学にいけば社会的に自立することにつながるかどうかは別問題です。

このように**学校の周辺だけでも問題はたくさんあり複雑**です。それらは、**学校だけ、先生だけで解決できるものではありません**。そう考えると、**家庭で子どもを伸ばしていく覚悟が求められる時代**になってきていると感じます。

3 教育で一番大事だと考えるのは「読み書き計算」の基礎学力

漠然とした不安を感じている保護者は、どうしたらいいか解決法がわからないため、ますます不安になるのです。

しかし**解決法は簡単です。基礎基本をきちんとやること**です。

昔も今も変わらず、基礎基本が一番大事なのです。現在は応用、活用ということが叫ばれていて、基礎と対立する概念として捉えている方もいるようですが、**応用はあくまでも基礎を応用すること、活用することであって、応用、活用というものが存在するわけではありません**。

世間ではプログラミングや探究学習などが注目されています。もちろん、これらは重要なのですが、これらをやるためには**「読み書き計算」の基礎学力が必須**です。「読み書き計算」が習熟していくと、**国語、算数だけではなく、すべての教科の学力**があがります。それで、ときには音楽や体育の成績もあがります。

そのことを私はよくスポーツにたとえます。**素晴らしい選手は基礎ができています。**たとえば現在米大リーグで活躍している野球の大谷翔平選手はすごいスイングをして、フォームも素晴らしく、基礎が完璧です。しかしそんな彼も小学一年生でもしている素振りをいつもしています。なぜって、バッティングの基本である素振りができていないのに、優秀だという選手は絶対にいません。素振りは小学一年生でもやるから、レベルが低いとはなりません。彼の素振りは高速で力強いものです。つまり基礎の中に高低があり、彼は高度の素振り、つまり高い基礎力を求め練習をしているのです。

サッカーで素晴らしい選手はリフティングをはじめ、ボールさばきが上手で高度です。一人一人の選手の基本的なパフォーマンスが高く、それが試合の中で生かされているのです。

ボクシングの井上尚弥選手が、「私はボクシングの基本であるワンツーの出し方を小学一年生からずっと続けている。だから私は負けない」と言ったのを聞いて感動しました。特に仕事柄「小学一年生から」と言ってくれたことにしびれました。物心ついたころからの基本を、名選手になってもずっとやり続けていることがすごいと思いました。このことは、大谷選手の素振りにも言えると思います。**すぐれたスーパープレーヤーは、そのスポーツの基本をずっとやり続けている**のです。球技であれば、球をとらえる感覚みたいなものがきちんと使えるように、絶えず修正を繰り返しています。

スポーツと同じで、勉強も基礎を続けていくことで、力が積みあがっていきます。

私が見ていると、基礎のレベルが非常に低い状態なのに、そのレベルの基礎が「もうできている」といって、すぐに難しい応用をやろうとする子どもたちがたくさんいます。また子どもにやらせようとする大人がいます。しかしそれは非力なエンジンの車で険しい坂を登るようなものです。いずれ動けなくなり、場合によっては壊れてしまいます。高いレベルの基礎が必要なのです。基礎が下で、応用が上、そんな大人の認識の違いが子どもを追い込むのです。

基礎もレベルの低い基礎から盤石な基礎、超強力なハイレベルの基礎まであり、実

は応用、活用というのは、基礎のレベルが高くならないとできないことなのです。つまり、基礎を固めることが応用力を固める近道だと言えます。**基礎が抜けたときに、戻ることをためらわず、進んだり、戻ったりすることで、基礎は盤石になっていく**のです。**身につけたいのは「低い応用力」ではなく、「高い基礎学力」**です。

ハイレベルの基礎になると学習が楽しくなり、子どもはどんどん勉強をやりたがるようになります。

勉強の基礎は、基本的には「読み書き計算」です。たとえば各学年の漢字を書くテストで八〇点だとダメで、基礎ができているとは言えません。一〇〇点をとり、その学年の漢字ならどれが出ても書けるようになって、初めて基礎ができていると言えるのです。たとえば小学三年生と四年生が一年間に習う漢字はそれぞれ二〇〇字あまりですが、八〇点で二割抜けていると、四〇字も書けないことになります。おそらく、書けない四〇字は重要な漢字でしょう。

計算については、私の場合、百ます計算を使います。子どもたちの百ます計算のタイムを見て、教科書の問題を出した時、誰が解けて誰が解けないかが、だいたいわかります。低学年だと百ます計算が二分を切る子と切らない子とでは歴然とした成績の違いがあります。中学年だと一〇〇秒を切ることが基準です。

音読や暗唱は一〇〇字や二〇〇字程度ならすらすら読める、すらすら暗唱できて、「基礎ができている」と言えます。

漢字のテストで一〇〇点を取ったり、百ます計算が速くできたり、すらすらと音読、暗唱ができると、「この子はかしこい」と感じるでしょうが、それは基礎ができているからかしこくなっているのです。

先天的に百ます計算が速い子、漢字が書ける子はいません。頭がいい子は、私が見ているとやはり基礎のレベルが非常に高い。**基礎基本を大事に学習している子どもは、基礎のレベルが高くなり、どんどんかしこくなる**のです。

「読み書き計算」を集中的に反復学習することは直接脳に働きかけ、脳の働きを高めます。ですから、「読み書き計算」は人間の知能を伸ばす土台だと思います。実際に、私が小学校で担任をしていた子どもたちは、「読み書き計算」を集中的に反復学習することによって、ＩＱ（知能指数）も成績もあがりました。普通五〇人に一人と言われるＩＱ一三〇以上の子どもが六、七人いました。さらに、最近はたくさんの保護者から「百ます計算や陰山ドリルをさせたら、知能指数があがった」と、うれしい報告が届いています。

四歳で中度知的障害と診断されたお子さんも、私のドリルをやるうちにＩＱがあがり、クラス最下位だった成績が上位になりました。障害だと診断された子どもたちが五年、十年と集中反復学習を続けるうちに平均をはるかに上回る力がつくことも普通にあるのです。

コラム

日本人の基礎学力と手の巧緻性《こうちせい》

一五四三（天文一二）年、ポルトガル人を乗せた中国船が種子島に漂着したときに、鉄砲が日本に伝わりました。そのとき、鉄砲をすぐに分解し、その半年後には自分たちで鉄砲を作りました。鉄砲の原理などはもちろん知りませんでしたが、基礎学力がある人たちがそれをもとに研究し、手先の巧緻性で作ることができたのです。

大坂（現・大阪）・堺の鉄砲鍛冶が有名です。もともと堺では鋳物事業をやっていたこと、貿易の町として栄えており、銃弾として用いられた鉛を東南アジアから輸入していたこと、有力な商人が種子島で鉄砲づくりの技術を学んだこと、織田信長が堺を掌握していたことなどから、堺で大量の鉄砲が作られました。当時、世界で一番大量に鉄砲を作っていたのはなんと日本なのです。

というのも、鉄砲の玉はほぼ完全な真球《しんきゅう》であることが必要で、さらに砲身と玉の間は、十分の一ミリでないといけないそうです。これが実現できないと火縄銃は暴発するからです。しかしそんな高度な鉄加工ができる職人を諸外国では用意できませんでした。もともと鉄加工の職人が多い堺や琵琶湖北部に、そうした職人がたくさんいて、大量の鉄砲生産が可能だったのです。そしてそのことが戦国大名の栄枯盛衰につながっていったのです。

また、一八五三（嘉永六）年にアメリカ合衆国海軍東インド艦隊の司令長官であるペリーが、蒸気船二隻を含む艦船四隻で神奈川県の浦賀に来航し、日本は大混乱になります。その時の日本人は蒸気船に驚きあわてたと伝わっています。しかしペリーはその蒸気船を見に来た日本の小舟をどう見ていたでしょう。実は日本の船が美しい形で水の上を高速に動くのを、水の上をすべって進む信じがたい船と驚いているのです。また庶民が、中国のアヘン戦争の状況を知っていること、ごみや路上で生活している者もいない美しい街並みに驚嘆しているのです。ペリーは大統領への報告の中で、日本は百年を待たず、大国になると予測していたのです。事実、日本はペリーが去った後、即座に薩摩藩（鹿児島県）や佐賀藩（佐賀県）、宇和島藩（愛媛県）などが蒸気船の建造に挑み、完成させます。

中でも外国人の手を借りず、日本人だけで純国産の蒸気船を最初に作ったのが宇和島藩です。手先が器用な職人である前原巧山《まえばらこうざん》が建造の命を受けて長崎に留学。蒸気船のエンジンを見て、蒸気船を作りました。黒船来航からわずか五年後のことです。前原巧山はもともと嘉蔵《かぞう》という苗字もない職人です。それが自分たちの力だけで蒸気船を完成させ宇和島の海を走らせているのです。私はこのことを教科書に掲載し、日本の力の土台は何かを教えるべきだと思います。それこそが、「読み書きそろばん」の教育と指先の巧緻性なのです。

江戸時代に寺子屋で「読み書きそろばん」の教育がされていたからこそ、急速な文明開化を成し遂げることができたのだと、私は思います。

4 陰山メソッドの原点

ここで、私が教員になってからのことをお話ししましょう。

大学卒業後の一九八一年、尼崎市内の小学校から私の教員生活が始まりました。当時の学校はゆとり教育に向けて大きく動いていました。

その後、城崎郡《きのさきぐん》日高町《ひだかちょう》の小学校を経て、朝来郡朝来町立《あさごぐんあさごちょうりつ》（現・朝来市立）山口小学校に赴任したのが一九八九年で、そのとき私は三十歳でした。赴任直前に、地元の神新聞に高校入試の地域別の成績が出ました。山口小学校がある地域の平均点が他の地区の中学校よりも低かったため、町では「小学校からの教育を見直さなくてはならない」という議論が起き、そんな中、山口小学校に着任したのです。

これは不思議な縁でした。日本中がゆとりを求める中、山口小学校は学力向上が使命になっていたのです。

当時、私は「読み書き計算」の重要性を説いた岸本裕史先生を中心とする「学力の基礎をきたえ落ちこぼれをなくす研究会」（現・学力の基礎をきたえどの子も伸ばす研究会）に所属していました。私は、山口小学校での約十年間、プログラムに**学習の基礎である「読み書き計算」を取り入れ、反復学習によって徹底的に身につけさせるようにし、「早寝早起き朝ごはん」をはじめとする生活習慣の指導に力を入れ、子どもたちの学力を伸ばしました**。

山口小学校は山あいの小さな小学校で、一学年二学級で一学級の人数は二〇～三〇人。校区内に進学塾はありませんでした。そんな環境の中、「読み書き計算」を徹底的にやることにより、子どもたちの知能が上昇。成績が良くなるにつれ、子どもたちは楽しそうでした。年度末のＰＴＡの会合で保護者から「勉強が面白いって言うようになった。こんなうれしいことはない」と言われたものです。

一九九九年、私が小学三年生から四年間連続して受け持った五〇人の卒業生のうち、七人が神戸大学医学部、東北大学医学部、名古屋大学医学部、大阪大学理学部、北海道大学農学部などの難関大学に進学しました。基礎を徹底的に鍛え続けることが、子どもたちのその後の人生の可能性を広げていったと言えます。

私が上梓した『本当の学力をつける本*1』の原稿ができたのは、山口小学校の教員時代の一九九六年で、二〇〇二年に出版されました。一九九六年当時、個性尊重という美名のもと、子どもたちを甘やかせ、子どもたちが勝手気ままに振る舞うことを容認する風潮があり、広義のゆとり教育によって学力も低下していました。

私は「世の中のこんな状況を何とかしなくてはならない。このままでは日本の教育は落ち込む」と考え、私が実践していた「読み書き計算」の徹底と生活習慣の改善によって、子どもが伸びたことを原稿にまとめました。この原稿を本にして、三〇代のうちに出すのが目標であり、夢でした。でも、田舎の一教師の私には、その夢を叶えることができませんでした。教育系の出版社に持ち込んでも、「基礎基本？　生活習慣？　こんなレベルの低いものは本にできない」と相手にされなかったのです。

一九九八年三月、三〇代最後の日、小学校から自宅にすぐ帰ることができず、車を走らせて日本海が見える丘に行きました。海を見ながら声をあげてひとしきり泣いたら、開き直って「今までにこの本が世に出なかったのは、まだ時期が早すぎたんだ。『この本は日本の教育を変える本になるから、それまで待ちなさい』という神の思し召しなんだ」と勝手に考え、「この原稿を必ず本にする！　きっとベストセラーになるはずだ。世の中を変える本になるのだから、教育系の出版社ではなく、世を変える出版社である文藝春秋から出したい」と思い、気持ちを奮い立たせました。

一九九八年には、ゆとり教育をさらに進めるため、教材の約三割を削減する教育課程を採用し、二〇〇二年度からゆとり教育が始まることが決まりました。「ゆとりをもって子どもたちを学習させましょう」という考えのもと、教材の削減が行われたのです。その考え自体は悪くなかったのですが、基礎を含む学習内容までもが大幅に削減され、仮分数や帯分数の計算は扱わないものとするとされ、円の面積の計算も簡略化されました。

この時代の円周率の学習については、「3・14と教えない」と思っている方も多いようですが、これは誤解です。「円周率は3・14」と教えるけれど、それとは別に小数以下第二位の計算はあつかわないものとするという規定があったため、円の面積の計算で3・14が使えないので「およそ3」として計算させようとしていたのです。また当時、テレビ等で有名だった数学者が「計算なんていらない」というようなことを言っていましたからそれが普通になろうとしていたのです。それを聞いた私は危機感を覚えました。でも私は兵庫県の田舎の小学校の一教師ですから、何もできません。

そもそも不登校の増加や、数々の子どもの問題行動は、勉強のさせすぎではなく、生活習慣の悪化によるものであると、私は山口小学校の実践でわかっていましたから、この動きを何とか止めたいと考えました。

5 陰山メソッドの確立

二〇〇〇年、「このことを世の中に訴えるためには、それを世に広めてくれる新聞記者に会わなくてはいけない」と考え、全日本教職員組合が主催する全国教研（教育研究全国集会）に参加するために、山口県の湯田温泉に行きました。そこで、私が山口小学校で実践していることを話すと、当時はゆとり教育推進の先生が多く、とんでもなく激しい批判の嵐に巻きこまれました。

「子どもに計算をさせて、タイムを計る？　そんなに子どもを苦しめたいのか」「その学年で習う漢字をいっぺんに教える？　漢字嫌いをつくりたいのか。何を考えているんだ！」と終日非難され、大バッシングを受けました。

でも、私はめげずに、「じゃあ、あなたのところでは、子どもたちはちゃんと計算ができているんですか？　小学校で帯分数を教えないのに、中学校で方程式ができるんですか？」などと、非難してきた全員に反論しました。一泊二日の研究発表なので、二日間にたくさんの方の発表がありましたが、途中からほとんどの話題が私のところに戻ってきました。あの手この手で私のことを潰しにきたのですが、結局、私の反論には答えられず、私を潰すことができませんでした。

なぜって、みんな見たこともない高学力に育った子どもの事実があり、それを喜ぶ子どもや保護者を否定できなかったのです。私は勝ったと思いました。しかし落ち込んでもいました。私を取材しようという新聞記者に出会えなかったからです。もちろん関心を持って聞きに来た記者はいましたが、話を聞いたらそれで終わっていたのです。

そして会が終わった後、後片付けが始まり、一人の男性が私のところに来ました。その方はずっとその会場にいてずっと経緯を見ていたのです。しかしそれまで何の反応もされないので、地域の先生かなと思っていました。しかし自己紹介をされて驚きました。「私は朝日新聞の清水と言います。他の分科会の取材もしないといけないのですが、あまりに激しい議論で、どうなっていくか気になってずっと見てしまいました。ところで、なぜあなたはそんなに叩かれるのですか。私が子どもの頃に受けた教育をそのまま良質にされているだけなのに、なぜあんなに叩かれるのか理由がわからないです」と言うのです。そこで私の教育の実践とその成果をお話しすると「ぜひ授業を見せてください」と言われました。

目的は達成されていたのです。しかし正直、「もっと早く言ってよ」と思いました。でも、なぜ私がひとり徹底抗戦しているのか、どこまで抵抗するのか、すべて見てから取材しようと考えられたとのことでした。後からその記者の上司から聞いたのですが、地道な取材で何度となく世の中の動きを変える、スクープを飛ばした有名な記者さんだったのです。それからほどなく山口小学校に取材に来てくれました。そして三月に記事になり、すこし話題になり、東京からの取材が来るようになりました。

そしてついに十月にNHKテレビ『クローズアップ現代』で、「学校は勉強するところだ～ある公立小学校の試み～」として放映され、大きな反響が巻き起こってきました。放映の翌日に学校に行ったら、大変なことになっていて、朝から電話が鳴り止みませんでした。放映の前はほとんどの人が百ます計算を批判していましたが、放映後はほとんどの人が褒めるようになり、批判はピタッと止まりました。そしてジェットコースターのような人生になったのです。

そして逆にゆとり教育は厳しい批判にさらされるようになったのです。

私はその流れの中で、世間から注目されるようになりましたが、「一九九六年に書いたあの原稿を、文藝春秋で本にしてこそ、時代を動かせる」と思い、文藝春秋からの依頼をじっと待ちました。そして不思議なことに二〇〇一年の終わり、本当に学校に電話があったのです。

しかし文藝春秋から連絡が来たものの、そのままでは本にすることはできませんでした。この数年で時代は動き、書き直しを迫られたからです。そのため編集者と何度もやりとりを繰り返しながら、全体の三割ぐらいを書き直しました。そして二〇〇二年に発売になった『本当の学力をつける本』はベストセラーとなり、半年ほどで五〇万部売れ、三〇代最後の日に、立てた目標通りになったのです。それをきっかけとした「百ます計算」などのドリルや学習ソフトも七〇〇万部も売れ、陰山メソッドが確立しました。
翌二〇〇三年には全国公募により広島県尾道市立土堂小学校校長に就任。それ以降、立命館大学教授、立命館小学校副校長、内閣官房教育再生会議委員、大阪府教育委員会委員長などを務めました。普通の田舎教師の私は信じられない道を歩むことになったのです。そして山口小学校時代に始めた「読み書き計算」の集中反復学習、「早寝早起き朝ごはん」に代表される生活習慣が大切だという思いは、全国に広まっていったのです。

コラム

学校を舞台に進行中の陰山メソッド

陰山メソッドの授業を取り入れている自治体は他にもありますが、二〇二四年から、東京都町田市、千葉県山武市の小学校の校長先生が、「半年間で子どもたちの学力を爆上げする」という私のプロジェクトに取り組んでいます。その第一弾として、冬休み明けに漢字のテストをして各学年の漢字の定着率八十％以上を目指しました。漢字力がない子どもは教科書を読めないため、国語だけではなく、社会や理科の成績も良くありません。漢字の習得は学力向上のために必須なのです。

この課題を担任に任せることはせず、町田市立小山田小学校の校長先生は全校生徒に呼びかけました。「二百問の漢字のテストで何を出すか、問題と答えを教える」と言ったら、子どもたちは「イェーイ」と一斉に歓声をあげたそうです。問題と答えを教えてもらえるとわかったら、子どもたちはやる気が出たようです。

副校長先生はアイデアマンで、漢字ナンバーワンのプロジェクトなので、「K1グランプリ」と呼んでポスターを作成し、学校中に貼ったそうです。こうすると、子どもたちも楽しく取り組めて、盛り上がりますよね。学校をあげての取り組みなので、きょうだいがいれば家で一緒に頑張るし、先生方も手を抜けません。

私の計画では一月二十日前後にはその学年の漢字をとりあえず全部書けるようにするというものでした。十二月から、それまでの復習と三学期の予習を『徹底反復　漢字プリント』[*2]を使って覚えさせたところ、八〇点以上の合格者が九割近くになりました。十二月にわずか七点だった子どもも八〇点を超え、合格しました。その感想が面白い。「ぼく得点が一カ月で十倍になったんだよ」。また満点を取った特別支援学級の子どもは「私百点取ったの生まれて初めて」。十文字程度の小テストではなく、一年分二百字の漢字テストですから、その意義はとてつもなく大きいのです。

二月には漢字に関係する熟語を全部覚え、三月になったら次の学年の新出漢字を覚え始めます。こうすることで新年度は劇的な学力向上が実現するのです。なぜでしょうか。それは、教科書が読めないと勉強になりませんが、その読めない理由は読解力がないのではなく、まず漢字が読めないからです。つまり漢字を最優先で習得することが学力向上の最短距離なのです。

こうして新年度は、一年分の新出漢字のまとめのテストからのスタートで完璧。次は算数などの教科です。これはゴールデンウィークが終わるまでにその学年の各教科のポイントを集めた『たったこれだけプリント』[*3]を使って、一年分の予習を一通りさせます。そして各単元が始まるときには、授業の最初にいきなり最終問題を解かせます。もうそうなると子どもはどんどん自分で学習を進め、授業は早く進むため、早く終わればその後を休み時間にして心ゆくまで友達と遊べます。

努力と根性で長時間勉強させると、勉強が嫌になる子どもが多くなります。それとは逆に、『たったこれだけプリント』のように、重要なことだけを短時間勉強して成績があがると、勉強が楽しくなります。勉強に時間をかけないことが、子どもの成績を伸ばすコツなのです。

＊1『本当の学力をつける本』…文藝春秋より二〇〇二年刊行。
＊2『徹底反復　漢字プリント』…小学館より二〇〇二年刊行。
＊3『たったこれだけプリント』…小学館より二〇一四年刊行。各学年一冊。少ないページ数で、重要ポイントを短時間で徹底反復学習する。

6 「思考力・判断力・表現力」と基礎学力

「今までの教育は丸暗記させ、記憶力を問うていたが、これからは応用、活用の時代で思考力、判断力、表現力を重視する」と言われています。ただ、ここで、**覚えることと考えることが違うと考えるのは危険**です。

たとえば、百ます計算が速い子どもは百個の計算を完全に丸暗記しています。同様に、漢字のテストで一〇〇点を取る子どもも漢字を完全に丸暗記しています。**暗記と思考は対立的に捉えられがちですが、思考するためには暗記が必要**です。計算が高速にできれば、筆算も分数もできるようになっていきます。一方、**百ます計算に三分以上かかる子どもで約分、通分がさっとできる子はいません**。

学習にはまず、いろいろな**知識を覚えるインプットが必要**です。知識がなければ考えることはできませんから。小学一年生に「思考力が大事。考えなさい」といっても、まだ考えるのは難しいです。**知識を組み合わせることによって思考したり、判断したり、表現したりしますから、思考力、判断力、表現力を高めるには、基礎となる知識をたくわえる必要がある**のです。

幼い頃からさまざまなことを体験すると知識が増えますが、日常的にはそうたくさんは体験できません。簡単に**知識を増やせる方法は読書をしたり、映像を見たりすること**でしょう。

小学校の教員時代には、高速で授業を終わらせ、残った時間にNHKの科学番組を見せていました。子どもたちには知的好奇心がありますから、教科書以外の面白いと感じるものを楽しんでもらうようにしていました。そんな子どもたちは「ストロマトライト*ってすごいよなあ。あれが地球の酸素を作ったなんて信じられないよ」なんてことを休み時間に話していて、私が驚きました。すると、より知的好奇心を刺激してくれる番組を見るようになります。というのも、教育実習生が来て、流行り番組のネタで子どもを笑わせようとしたけれど、多くの子は何のことかわからず、ポカンとしていたのです。「本当に見てないんだ」とわかり、これまた驚きました。

最近はYouTubeなどの動画にも好奇心を刺激するものがありますから、良質なものを見るとよいと思います。

基礎学力を使いこなすためには知的革新が必要で、意欲的に考えることが大事です。**蓄えた基礎学力に知的好奇心というエネルギーが加わり、瞬間的にブレンドされると、新しい知識になります**。ノーベル賞受賞者の意見を聞いていると、一番に驚くのは好奇心がなみ外れて強いことです。そのためか、子どもの頃の自然体験が一番大切と言われるのは納得できる話です。

＊ストロマトライト…シアノバクテリア類の死がいと、泥粒などでつくられる岩石。地球上ではじめて酸素の放出を行ったと研究されている。

7 思考力は思い出し能力

よく「思考力」と言われますが、**思考力の正体は、記憶した知識を思い出す力**と今考えています。そして**思い出した知識を組み合わせることで思考は高度化します**。私はこの力を**「思い出し能力」**と呼んでいます。変な言葉ですが、覚えることについては暗記力という言葉がありますが、思い出す力を表現する言葉はありません。一つには、思い出すことが重視されないということかもしれませんが、瞬時に思い出すためには、完璧に覚えていることが条件です。つまり**暗記こそが思い出し能力を高める**のです。となると、「暗記はダメで、考えろ」というのは無理なことなのです。むしろ**重要なのは、一瞬で覚える力の獲得**、実は**百ます計算も漢字も、究極的にはそうした暗記と思い出し能力のトレーニング**なのです。

幼児や低学年の子どもたちの暗記力は凄まじいですから、『論語』をはじめとする難しい文章も覚えられます。大人はつい意味を考えてしまいますから、覚えにくくなっています。「内容を理解していないのに、覚えても意味がない」という人もいますが、**記憶力がいいときに先行して記憶力を高めることが学習方法として有効**なのです。

算数のカリキュラムでは、暗記力がいい小学二年生のときに九九を覚え、三年生になると九九を生かして、余りのある割り算を学習します。これは昔も今もかわりませんが、よくできたカリキュラムだと思います。

すごい発想をしたり、インスピレーションが閃《ひらめ》いたりするときは、ゆっくりと思い出すのではなく、超高速でさまざまな知識や情報を思い出して組み合わせています。この状態が**「思いつく」**です。だから、知識として持っていないことを思いつくことはできません。

意外な例ですが、中間子理論を発表した湯川秀樹博士が、その理論を考える際に影響を与えた思想として、幼い頃、祖父から素読《そどく》させられた『荘子』の中にある考えがヒントになったということを語っておられます。最先端の物理の理論のヒントが、古代中国の思想書にあったというのはとても興味深いことです。

暗記すると考えなくなると言う人もいますが、そんなことはありません。たとえば、三角形の面積を求めるとき、公式を覚えていなくて、一から公式を考えることはないですよね。公式はしっかりと暗記しておき多様な問題に対して瞬時に活用できることが必要です。

覚えた公式をすぐに思い出せると、その公式を使って考えることができます。五年生に三年生で学習した三角形の面積の公式を尋ねたとき、瞬時に答えられる子どもは三割ほどで、約七割の子どもはうろ覚えでした。すぐに公式を答えられる子どもを見ると、かしこいと思いますよね。考えるためには公式を暗記して、瞬時に思い出せる能力が大切なのです。それができてこそ、台形の面積の公式の意味が考えられるのです。

ですから暗記能力が低い子どもは、思考力もまだ低いということになります。**記憶するメモリーがまだ貧弱ですから、思い出すときに時間がかかってしまい、課題に入**

る前で止まってしまいます。小学校低学年は記憶力がいいですから、どんどん覚えた方がいいのです。そして、覚えたことを思い出すトレーニングをしてその能力を極限まで高めることが大切なのです。

8 基礎学力とはそもそも何か

基礎学力とは、一言で言えば、**情報処理力、さらに言うと知能**ではないかと思っています。

『漢字、計算、音読、暗唱の反復学習によって○○を伸ばす』の○○には何が入るでしょうか」と質問すると、多くの方は「学力」と答えると思いますが、しかし私は、それは「知能」だと思います。

「知能」という言葉を何冊かの辞書で調べると、おおよそ次のように表記されています。「知識と才能。物事を判断・処理する頭の働き。その前提となる学習能力や抽象的思考力」。「知能」を子どもたちに備えさせたいということに、反対する人はいないと思います。

そう言うと、「基礎的な漢字や計算ばかりやっていて、どこが知能なんだ」と言う方もいますが、基礎的なことをさっとできることが重要なのです。基礎的なことをすぐにできない子どもは、難しい問題になると解けなくなり、フリーズしてしまいます。速さがポイントなのです。

特に**低学年のうちに基礎的な情報処理力、つまり知能を高めることが重要**です。このとき注意をしなければいけないのが、**「努力と根性で難しい問題を解いていけば道は開ける」「難行苦行によって高い学力が形成される」という昭和の学力観にとらわれない**ことです。私が大学受験をした頃には「四当五落」という言葉が流行っていて、「四時間しか寝ないで勉強する生徒は合格し、五時間寝る生徒は落ちる」と言われていました。しかし、実際は当時から東大合格者はむしろよく眠っていたそうです。事実、東大に行ったうちの次女は高校の授業でも寝ていて、私は学校から注意されたほどです。

今も昭和の学力観を信じている人がいるかもしれません。実は私も教員になった一九八一年当初は、そう思っていました。最初に勤務した尼崎市の小学校では、子どもたちに、「努力と根性で頑張るように」と言っていました。しかし実際にはこんなやり方では、子どもは伸びませんでした。本当に子どもたちには申し訳なかったです。しかし、その反省があり、本当に伸びる方法を追求してきたのです。

基礎学力は苦労して身につけるものではなく、楽をして身につけることが大事です。長時間、努力と根性で頑張らせても、勉強が嫌いになるだけです。

ですから山口小学校に赴任してからは、子どもたち全員が当たり前のことを当たり前にさっとできるようになってほしいと思い、「読み書き計算」を短時間集中して反復させるようにしました。そうすると、努力と根性のスパルタ学習では伸びなかった子どもたち全員の知能が伸び、成績は急上昇しました。

まだ基礎学力のレベルが低いのに、難しい問題をやらせてはいけません。できなかった時に自信をなくすからです。簡単な「読み書き計算」を短時間、反復してやらせ、知能を高めることが先決です。

福島県に陰山メソッドを取り入れている桑折《こおり》町があります。五、六年前から年に一回ぐらい見学に行っていました。私が提唱する「読み書き計算」と「音読、暗唱」をやっていました。始めたそのころはまだ頼りない感じがありました。

その後はコロナ禍で行けず、二〇二四年に久しぶりに行って、授業を見せてもらうと大変驚きました。算数では割合の一番難しい問題をやっていましたが、全員が難なく解いていました。何の波乱もない展開。教師でなければわからなかったかもしれません。ここは何人もつまずいて授業は混乱するのが普通です。それが淡々と何の波乱もなく授業が進み、終わったのです。もうそれを見ただけで基礎の蓄積はよくわかりました。そもそも視察される授業であえて割合の授業を持ってくるその自信。震災やコロナ禍を乗り越え、教育は前進していたのです。

また数年前、福岡県の鞍手《くらて》町立西川小学校から、「陰山メソッドで成果が出たので、見に来てください」と言われ、授業の様子を録画したDVDが送られてきたことがあります。私も忙しかったし、知らない学校だったのでしばらくそれを見ることができませんでした。何カ月かして見てみると、そこにはとんでもなく伸びている子どもの姿がありました。そこで大急ぎで訪ねてみると、俳句、詩、小説などを掲載した『徹底反復　音読プリント*』を全員で暗唱していて、百ます計算のスピードもとてつもなく速かったのです。私のまったく知らないところでも教育が進化していました。子どもの成績があがり、家庭でも楽しそうに勉強するので、保護者から感謝の言葉がたくさんきているとのことでした。

「読み書き計算」の反復学習で**基礎学力をしっかりと身につけておくと、その後の勉強を難なく積み上げていけるから、子どもも先生も楽**です。特に**入学の半年前から小学一年生までの学習は重要**です。

家庭で「読み書き計算」の集中反復学習をしてから入学し、一年生のときも引き続き反復学習をして知能を高め、情報処理力である基礎学力をつけることで子どもの可能性は無限に広がるのです。

＊『徹底反復　音読プリント』…小学館より二〇〇四年刊行。

9 なぜ「基礎学力」ということを言い続けているのか

一九八四年、二校目となる兵庫県城崎郡日高町の小学校に転勤しました。教師生活四年目でした。三年生の担任になりましたが、クラスに勉強が全然できない子どもがいました。その子が勉強できるようにしたくて、一学期の間、思いつくことを力の限りやりましたが、全然伸びませんでした。

それで、夏休みにその子に補習をすることにして、「明日の九時に学校においで」と言いました。その子は「わかりました」と返事したけれど、結局学校には来ませんでした。それで夜に電話して「明日はおいでよ」と言うと、「わかった」と言いました。しかし翌日、「どうせ待っていても来ない」と思ったので、家まで行って連れ出し、学校で勉強させました。三日目も家に行ったらいませんでした。家にいたらまた連れ出されると思って、出かけたのでしょう。それで四日目は、どうすれば学校に連れて来ることができるかを考えました。そこで思いついたのがラジオ体操の会場に行き、体操が終わった後、学校に連れて行くことです。そして実行しました。

ということで結局、二日目と四日目の二日間教えましたが、伸びませんでした。私がどんなに努力してもダメだということがわかり、無力感、敗北感を味わいました。

ところがその子が六年生のときに、また担任をすることになりました。同じように補習をしても結果が出ないことはわかっていたので、どうすればいいか模索していたときに、友人の先生から「読み書き計算の重要性を唱えている岸本裕史先生が『学力の基礎をきたえ落ちこぼれをなくす研究会』をやっているから、行ってみたら？」とアドバイスされました。「落ちこぼれをなくす」という言葉にひかれ、私はその会に出かけ、そこで百ます計算に出合ったのです。

早速、子どもたちに百ます計算をさせてみましたが、勉強が苦手なまま六年生になったその子は、やらせるのにも苦労しました。ただ、長時間の補習と違って、百ます計算はそれほど時間がかかりません。やらせているうちに、わずかですが計算力があがりました。それからはその子は勉強から逃げようとしなくなりました。六年生になってから始めたこともあり、劇的に成績があがることはありませんでしたが、それまでにやったすべての方法がまったく効果がなかった中、「唯一、百ます計算は効果がある。百ます計算には子どもを伸ばす何かがある」と思ったのです。

二校目の小学校に五年間勤めた後、一九八九年に三校目の兵庫県朝来町立山口小学校に転勤になりました。私はそれからの十年あまり、**音読、漢字、百ます計算、プリント学習を用いた「読み書き計算」の反復学習で、基礎学力を身につけさせることに力を注ぎました**。それに加え、**生活習慣の指導もして子どもを伸ばすメソッドを作り上げることになった**のです。

教師になってから七年目に「基礎学力が重要」だということがわかり、そこから様々な試行錯誤をしました。その結果わかったことは、普通に行われている指導はどんなに頑張っても効果がないどころか、逆に子どもが伸びなくなることがあり、本当に成果が生まれるのは常識の反対ばかりであることに気づいたのです。しかしそうなると大変です。私は周囲の教師の気持ちを逆なでばかりするようになっていったのです。

計算させてそのタイムを計る、漢字を一度に全部教えていきなり一学年分全問テスト、教科書にない古文漢文を読ませ暗唱させる。当時批判の代表である詰め込み教育とレッテルを貼られ、時には密室でいじめのような批判にさらされることまであったのです。しかし、不思議なことにその悪辣《あくらつ》とまで言われた学習を子どもは喜び、保護者には感謝され、私は十四年も山口小学校に在籍したのです。

実際に目の当たりにしたこれらの経験から、私は「基礎学力」ということを言い続けているのです。

第2章

公文の先生と考える基礎学力

座談会参加者

陰山ラボ代表
陰山英男

土屋育子

1985年に東京都豊島区に公文式教室を開設。現在は月・火・木・金曜日に指導。指導教科は算数・数学、国語、英語。読書指導にも力を入れており、地域の子どもの施設に絵本を届ける移動文庫のNPO活動「おにぎり文庫」も主宰。

佐藤陽子

2009年に東京都渋谷区に公文式教室を開設。自主研活動などの交流から、世田谷区の公文式教室を引き継ぐ。現在は2教室で月・火・木・金曜日に指導。指導教科は算数・数学、国語、英語。

林美和子

2017年、東京都練馬区に公文式教室を開設。現在は月・木曜日に指導。駅前から1分の立地も生かし遠方からの生徒も指導している。指導教科は、算数・数学、国語、英語。

陰山　百ます計算も公文の算数・数学プリントも、続けていると計算が速くなり、脳が鍛えられ学力が伸びます。公文式教室では宿題のプリントを出して、毎日コツコツやらせているところも優れた特色だと思います。

基礎基本を大事にするところは、陰山メソッドも公文も同じですから、陰山メソッドのドリルやプリント、公文式教室で、子どもたちに「基礎学力をつける」ということをやらなくてはと思っています。「基礎学力」が身についている子どもは、教科書を渡すと、自分でどんどん読んでいきます。私は、公立の小学校の教師だったわけですが、先生方は、どういうきっかけで教育に携わられたのでしょうか。

林　娘が小学一年生、息子が三歳の時に、主人の海外赴任でロンドンに住みました。娘は年長のときに公文を始めましたが、ロンドンに行ったら日本人の子どもの多くが教室か通信で公文の勉強をしていました。娘が通った現地の学校では、イギリスの子どもたちは計算機で計算し、日本人は計算式を全部書いて計算していました。暗算は公文をやっている日本の子どもたちの方が断然速かったです。

イギリスの子どもたちはレポートをまとめる力はあるけれど、計算が必要な場面になると、日本人の子どものところに来て、「計算して」と言っているのを目の当たりにして、「公文ってすごいな」と思い、帰国してからも、公文式教室に通わせました。その後、「一人ひとりに合わせた学習法で子どもたちに教えたい」と思い、そのときすでに地域に存在していた公文式教室を引き継ぎ、指導者になりました。

佐藤　公文式の指導者になる前は国家公務員で、中国残留孤児や戦後処理を担当する部署にいました。もともと教員になりたかったことも

あり、ある時、公文が「子どもの生きる力を育てる」ことを知り、「こんな仕事をやりたかったな」と思い指導者になりました。

私は、人が幸せになるツールの一つに教育があると思っていて、基礎学力が身につけば、幸せになる可能性が高まると思っています。公文式学習の指導者になりたいと思ったのも、基礎学力を身につけさせることを重視しているからです。今の教育は基礎学力とあまり言わないなと思っていたところに、「基礎学力」をテーマにした陰山先生の座談会に参加できて、ありがたく思っています。

土屋　知り合いに頼まれて公文のスタッフをしていたとき、「指導者がやめるから、教室を引き継いで」と言われました。上の子が二歳、下の子は○歳だったので迷いましたが、「週に二回、数時間、算数の丸つけをするだけだから」と言われ、気軽にアルバイト感覚で始めたのが一九八五年のことです。

最初は算数・数学だけをやっていたのですが、国語は高度な読書能力を作ると知り、私自身本を読むのが好きだったこともあり、国語も始めました。その後、英語の教材も優れていて、洋書を原文で読めるようになるというので、英語も指導しています。始めてから十年ぐらい経ち、「公文の算数・数学は計算だけやっていて大丈夫かな?」と思っていた時に、息子が通う小学校の担任の先生から電話がありました。「今日、台形の面積の求め方の授業をした時に、塾に通っている児童は公式を知っているので、それしか思いつかないけれど、土屋君が求め方を十種類以上考えてくれました。そのおかげで、ものすごくいい授業ができました」とおっしゃるのです。塾に通っている児童は公式をすでに知っていますが、公文では台形の面積の求め方を教えません。でも例題から類推して問題を解き、教えられなくても自分の力で学習を繰り返すことで、自分で考える力がつくということがわかり、公文の指導に確固たる自信が持てるようになりました。

「読み書き計算」が大切

陰山 息子さんが「台形の面積の求め方をいろいろ考えた」というのは、興味深いお話ですね。台形の面積の求め方は象徴的な教材です。私の授業は、台形の面積の公式を示したうえで、「なぜ、この式で解けるのか理由を考えなさい」というもので、二時間かけてやりました。子どもたちに台形が書かれた紙を渡すと、その紙を切って、くっつけたり、逆さにしたりして考えていました。読み書き計算を鍛えているから、何通りも考えます。しかしそれは、長方形や三角形の公式を完全に理解して覚えているからです。そして、最後にはちゃんと解けるのです。

百ます計算が世に出た時、「計算ばかりやっていると、単純なことしかできなくなる」と批判する人もいましたが、そんなことはありません。つまり考える力が伸びるのです。川島隆太教授の『自分の脳を自分で育てる』[*1]にも、「計算問題を解き続けると、脳のいろいろな場所が活発に動くようになります」と書かれています。

私が山口小学校で三年生から四年連続で担任した子どもたちに「読み書き計算」の反復練習をさせたところ、ＩＱ（知能指数）が爆上がりしました。一般的にＩＱが一三〇以上あるのは五十人に一人ですが、卒業生五十人のうち六～七人が一三〇以上でした。最初は勉強が苦手だった子どもも次第にかしこくなり、六年生の時には「先生、もっと難しい問題を出して」と言っていましたね（笑）。多くの人が知能は先天的なものだと思っているようですが、かしこさの正体である知能は、集中反復によって伸ばすことができるのです。

林　五歳三カ月のときに教室に来た生徒さんは、当初ＩＱが七九でした。公文の算数の教材の「かずかぞえ」から始めたところ、だんだんと処理能力、短期記憶からの取り出しが早くできるようになりました。お母様が「学年の教材についていけるようになったので、ＩＱを測ってもらったら九五に上昇していました」と喜んでいらっしゃいました。公文の繰り返し学習、時間を計って学習する、を徹底することでＩＱがあがるということを初めて教えてくれた生徒さんです。「子どもをかしこくする」ということについて、深く考えるきっかけになりました。

陰山先生の著書を拝読しましたが、百ます計算は時間を計るから、「だんだん速く解けるようになった」とわかるんですよね。

陰山 はい。必ず計ります。学習相談を受けた時は、百ます計算のタイムを聞きます。タイムがわかって、「じゃあ、おそらくこういう状態ですね」と言うと、ほぼズバリ合っています。

二年ほど前に、三年生のお子さんを持つお母さんから「子どものIQが六二で、勉強が遅れていましたが、陰山先生のドリルをやらせたら伸びてきました。次は何をさせたらいいでしょうか」というメールが届きました。「百ます計算をやらせてください。漢字は一年生からもう一度やり直してください」とアドバイスしたところ、指導力があるお母さんだったので、六月の時点でクラス最下位だった成績が、半年後の十二月には上位になり、三年生の学習が終わる頃には四年生の学習を自分で進められるようになったのです。今五年生ですが六年生の学習がほぼ終わり、今度、英検三級を受けるそうです。読み書き計算の反復学習をすると、このように知能が高くなるんですよ。

佐藤 他教室の障害のある生徒さんが、最初はプリントを五十枚束にして冊子状にしたものをうまくめくれなかったのですが、支援を続けるうちにめくれるようになり、知能指数を測ると一〇アップ。ご両親が大喜びされたそうです。

土屋 台形の面積の求め方と同じで、生徒さんによってひき算の考え方もいろいろあります。たとえば13－7。「6と覚えている」、「13から12、11、と7つ下げて数える」、「7から8、9と上げて数える」、「10から7をひくと3だから、3と3を足す」、「7にいくつ足すと13になるか」、「カレンダーを記憶していて上の数」、などさまざま。既存の概念にない新しい発想をする生徒さんもいますので、そんな様子を見ているとうれしいし、公文の醍醐味だなと思います。

基礎のレベルと応用問題

陰山　基礎は、レベルの低いものから盤石な基礎、さらにハイレベルの基礎と、レベルがあります。超強力なハイレベルの基礎が身について初めて、応用問題を解くことができます。それなのに、すぐに難しい応用問題をやらせたがる保護者や、やりたがる子どもがいます。難しい問題を解くとかしこくなると思っているようですが、それはファンタジーです。基礎的な問題を反復してやり、超高速でこなせるようになると知能が高まりますが、知能がまだ低いのにどんどん難しい問題を解いていると、そのうち行き詰まります。そうなると、苦手意識が生まれ、それが知能を鈍らせますから、他の教科の勉強もできなくなるのです。

土屋　生徒さんたちには、陰山先生がおっしゃる「ハイレベルの基礎」を身につけてほしいし、「まず〝できる〟ようにすれば後から〝わかる〟」ようになると思っています。

佐藤 「基礎がやっとできるようになったかな」という幼児の生徒さんの保護者が、「うちの子は基礎ができていています。だから、もっと難しいことをやらせてください」というケースはあります。その子が小学校に入学してさくらんぼ計算でつまずいたので、「さくらんぼ計算は説明です。実力としてできるようになるまで育てましょう」とお話しました。

陰山 さくらんぼ計算の理解は一年生には難しいものです。無理に理解させようとすると、子どもにとって大きなストレスになりますから、あまり気にしない方がいいと、私は思います。百ます計算が圧倒的に速い子どもが、さくらんぼ計算に真面目に取り組むとタイムが遅くなるというようなことが起きました。

幼児や小学二年生ぐらいまでの子どもたちの記憶力はすさまじいものがあります。記憶力がいい時に基礎をしっかりと暗記することが、その後の考える力の土台になります。二年生の秋に覚える九九も丸暗記です。幼稚園児や低学年の子どもは『論語』などの『四書五経』を意味がわからないまま暗唱できますが、小学校中学年ぐらいになると意味を考えてしまい覚えにくくなることがあります。暗記力は早く高めておくべきなのです。そうすれば後々高い思考力が身につくのです。

現代は、子どもを甘やかせる風潮があるように私は思います。江戸時代に貝原益軒が書いた寺子屋の指導書『和俗童子訓』[*2]は、子どもを甘やかさず、大切なことは幼いうちから教えなくてはならないという内容です。公文の先生方もぜひ読んでみるといろいろと参考になると思います。

読書の大切さ

陰山　学校での勉強や体験でも知識を増やせますが、もっとも効果的に知識量を増やすことができるのは読書です。だから、幼いときから本をたくさん読むことが大切です。特に、自分がこだわりを持った分野の本を集中的に読むと、独創的な思考ができるようにもなりますね。

土屋　生徒さんたちに本好きになってほしいと願い、教室にたくさんの本を置いています。次第に場所を取るようになったので、二十年くらい前にあまり場所が無くても、人との出会いと同じようにたくさんの本と出合うため、八冊×有志の人数の本を買い、月ごとに循環させていく仕組みを作りました。「心のごはんをにぎって、持ち運びできるようにしたい」という思いで、「おにぎり文庫」と名付けました。この活動を公文だけでやるのはもったいない、と考え、NPO法人「おにぎり文庫の種」を作り、今は北海道から九州まで全国で活動しています。

読書によって知識が増えることはもちろんですが、「ごはん」のように毎日本を読むことが習慣となり、楽しい本で心を広げ、悲しい本で心を深くして内面を熟成させることは、精神的な自立に欠かせないと思います。

ハイレベルの基礎を身につけていれば、入試に対応できる

陰山　二〇代から三〇代前半ぐらいまで、いろいろなものを試しましたが、学力向上とい

う観点で一番役に立ったのが百ます計算です。毎回、タイムを計るのですが、同じものを反復してやり続けると、どんどん速くできるようになります。数を変えて、根性で頑張るのも、数の並びを同じにして速く二分以内になるのも効果は同じなのです。同じものをやっていると、子どもは「これならできる」と思い、自分に自信が持てます。このことが大事です。僕のパワーワードは「絶対大丈夫！」。子どもにそう思い込ませると、知能も働き、学力が向上します。逆に、苦手意識を持つと、知能が鈍ってしまいます。苦手意識を持たずに力をつけていくことと、子どもたちが直面する入試についても考えてみたいと思います。

林　私は宮崎で育ったので、県のトップ校は公立高校でした。でも、東京で子育てをしていると、中学受験をしないという選択肢を取るのが難しい。悩んだ末に公文式教室をやめて中学受験塾に通わせました。中高一貫校に入学後、公文式の英語に戻り、中三で最終教材（高校終了レベル）を終わらせたので、理系なのに英語の成績が一番良かったです。志望大学に入学すると、公立高校出身者も多かったです。

私が指導者になってから、数学の最終教材を中三で終え、東京医科歯科大学（現・東京科学大学）医学部に現役で合格した生徒さんがいます。公文の最終教材までコツコツ学習することで、そうした学力がつくのだと確信をもって指導しています。

陰山　私立の中学入試は学習指導要領の拘束を受けないため、難問や奇問も出ますが、公立高校や国公立大学の入試は学習指導要領の範囲の問題だけです。早稲田大学や慶應義塾大学などの名門私立大学も、範囲を大きく超えた難問や奇問は出ません。だから、中学受験はしないで、公立高校から東大をはじめとする難関大学を目指すのも一つの進路だと思います。無理に難問を解かせて子どもに苦手意識を持たせるのではなく、基礎基本を鍛えて自信を持たせる方が、学力が伸びますし子どもも幸せです。

中学受験をさせたい場合には、レベルの低い基礎ではなく、ハイレベルの基礎を身につけさせることが大切ですね。小五までにハイレベルな基礎が身についていれば、中学受験塾に通ったり、過去問を解いたりして御三家と言われているような偏差値の高い学校の入試にも対応できるはずです。

土屋　どうしても行きたい学校があるのなら、中学受験を応援しますが、あまり他人との競争心が高くないお子さんやスピードを上げて解くことが苦手なお子さんは、無理して中学受験をしなくてもいいと思っています。

受験は一発勝負ですから、失敗は心の傷になります。それも貴重な経験ですが、十二歳では乗り越えた上でプラスに転化することが弱いお子さんもいるでしょう。でも十五歳の高校受験なら、子どもも成長していて、自分の将来を前向きに考えることができるようです。「高校一年生で公文の最終教材を修了する実力がついていれば、十分に国立大学に行けますから、高校受験という道もありますよ」と言っています。

陰山　小学生が自分の進路を考え始めるのは五年生くらいから。中学受験のために塾に通う同級生が出てくるからです。最近は低学年のうちから中学受験塾に通う子どももいて、五年生ぐらいになると中学受験の話も出てきます。どんなに高い基礎学力があっても中学受験に対応するためには受験勉強をしなくてはなりません。だから、中学受験をするかどうかは、早めに決めた方がいいですね。

最終的に、中三の時点で大学入学共通テストの問題をすらすら解ける学力を身につけていれば、大学受験は楽勝です。今、私が実験的に考えているのは、幼い時から基礎力を鍛え、小四の時点で六年生までの勉強を終わらせることです。五・六年で中学校の勉強、中学三年間で高校の勉強を終え、高校入学と同時に東大模試を受けさせたいですね。そうするとあと何点足りないかがわかります。

現在、陰山メソッドで家庭学習をし、小五で中三の英語、中二の数学を勉強しているお子さんがいます。「小六で高校の勉強になるけどいい？」と尋ねると、「いいよー」と明るい声で答えていました。楽しくやってくれていることがポイントです。保護者の中にはいまだに昭和を引きずっていて『巨人の星』みたいに、努力と根性で苦しみながら頑張るのがいい」と考えている方もいますが、勉強は楽に楽しく進めるのが効率的なのです。

土屋　公文式の学習は、学年という枠にとらわれずに学習していきます。教室の生徒さんでも学習進度が早い人は、小学生のときに高三までの最終教材を終わらせています。

そして東大をはじめとする国立大学や医学部に進学した人も少なくありません。そういう生徒さんたちは、大学入学共通テストの国語で満点を取ることもあります。英語も、公文式教材で原書レベルを大量に読んでいるので速読力が自然につき、あれだけの長文でもしっかり答えられるようです。数学も大量の問題を解いて、高度な計算力があるので心配いりません。

現在の学校教育

陰山　学習指導要領の作成は、初等教育と中等教育では担当が違います。縦割りなんですよね。だから、今問題が出始めているのが英語で、小学校の五、六年生で英単語が七百から八百も出ます。「そんなに出して、全員が覚えられるはずないと思いますが、どうするんですか」と尋ねると、「覚えさせる必要はありません。なぞって書かせてください」という指導になっています。ところが、中学校に入学して英語の教科書を見ると、「小学校で学習した英単語」としてそれらの単語がしっかり載っているのです。

つまり覚えておかないといけないのです。

小学校に最初に英語を入れるときも賛否両論があり、大問題になりました。「英語でコミュニケーションをとれるようにする」と言っていましたが、いよいよ英語教育が本格的に始まったら、四技能（「聞く」「読む」「話す」「書く」）ということになりました。

佐藤　学校での学習内容に関心があり、学習指導要領を読むことがあります。生徒さんの保護者から、学習内容について質問されたときには、「学習指導要領に方針が書かれているんですよ」とお答えしています。

陰山　学習指導要領は仕事柄よく読みますが、一般の方にはわかりにくい。でも公文式教室の先生は読んでおくと、今の学校の様子がわかりますね。ここで、皆さんに質問しますが、小学四年生の漢字は、学習指導要領的には何年生で書ければよいでしょうか。

全員　五年生！

陰山　正解です。みなさん、さすがです。学習指導要領には、「一年後でもいい」と明記されています。それなら、小学六年生の漢字は中一で書ければいいのかといえば、そうではありません。中学校の先生は、「小学校で習う漢字は、小学校できちんと教えてください」と言います。当然のことです。

ここにも、小学校と中学校での学習の溝があります。どうも、公立の小中学校の連携不足はなかなか解消されないと感じています。

佐藤　公文の学習は、できたら次にどんどん進んでいくので、生徒さんたちはあまり学年を意識しませんね。指導者は「ここから中学の勉強です」と言いますが、生徒さんたちは「中学の勉強だから難しそう」なんて言いません。最初に陰山先生が「基礎学力が身についている子どもは、教科書を渡す

と自分でどんどん読む」とおっしゃっていましたが、公文の生徒さんたちも、プリントを渡せばどんどんやっていますね。

公文の一番好きなところ

土屋　私にとって公文式教室は、パワースポットみたいなものです。たとえば午前中に熱があっても、午後二時になると不思議と熱が下がります。未来そのものを創っているという感覚がありますし、私には考えられないような解き方を思いつく子どもたちがいるのが楽しくて、元気になりますね。

陰山先生の著書に「教えすぎないのがいい指導者」と書かれていますが、教え過ぎないことを心がけています。「わかりません」と質問に来た生徒さんに、その子が自分で気づくことのできる一歩手前のヒントを一言で言います。「あっ、そうか！」とわかった瞬間にものすごくうれしそうな表情を見せ、スキップして自席に戻っていく姿に毎日出会えるのは、すごく幸せなことです。

陰山　その通りですね。わかった瞬間、問題が解けた瞬間は、見事に子どもの表情が変わります。処理能力がまだ低い子どもは、先生がたくさんしゃべると、何が大事なのかわからなくなります。だから、しゃべる量が少ないのがいい先生なのです。
ある小学校から「陰山先生の算数の授業を見学させてください」と頼まれたことがありました。最初に課題を出し、「できない子は前においで」と言って、来た子どもに教え過ぎないようにして、次々に課題を出す授業は、見学した先生方には衝撃だったようです。板書をしない、教えない授業なのに、子どもたちがちゃんと問題を解くことができ、学習進度が早かったからです。百ます計算で計算力を鍛えているからこそ、このような授業ができるのです。

佐藤　私は、自分の教室で勉強した生徒さんたちが学力をつけ、やりたいことをやっているところが好きです。国語がすごくできた生徒さんで東大の大学院に行き、VR（仮想現実）の研究を続ける方がいます。VRはイメージを膨らませればいろんなことができるので、生徒さんが大学生のときに「教室の表彰式をやりたいので、こういうものを作ってくれない？」と頼んだら、作ってくれました。なりたいものになり、やりたいことをやれる大人になるためのお手伝いをしていると思うと、うれしいです。

林 公文の算数・数学がいいと思っていて、教室を始めた当初は算数・数学推しでした。教室で初めて国語の最終教材に進んだのは、中二の生徒さんでした。その子が中二のとき、駿台全国模試の国語で一位になり、その成績表を抱えて教室に走ってきた時に、「公文は国語もすごい！」ということに気づきました。それ以来、国語推しにもなり、私自身が国語の教材にのめりこむようになりました。国語の教材は何度読んでも面白いのですよね。だから生徒さんたちに「何度読んでも面白いよ」と言っています。そう言える国語の教材が大好きです。

陰山　公立小学校の教師に「公文式をどう思う？」と聞くと、約九割の先生は「計算でしょ？」と言います。たまに「国語がすごい」という先生がいて、その先生は間違いなく凄腕教師です。塾などのことでも、調べているのです。公文の国語の読解の教材は、読解力がつくので、素晴らしいと思います。

土屋　私も国語の教材が好きです。公文式の国語学習は、「縮約」の手法を取り入れていて大変特長があります。「縮約」は中学レベルの教材で学習します。

「要約」は文章中の大事なところを短くまとめることですが、「縮約」は、大事なところを全部抜き出す、という考え方で、作者の用語や表現の仕方、文体もなるべくそのままにして一文にまとめます。長い文章を高い圧縮率で短くできるようになるためには、文章を読んで縮約し、縮約したらまた読んで書き直すといった繰り返しが必要です。この繰り返しによって、読解力がどんどん高まります。

公文を一教科やるなら、どの教科がおススメ？

佐藤 幼児さんや小学校低学年なら、「算数と国語を一緒にやるといいですよ」と言っていますが、一教科と言われたら国語を勧めています。国語はすべての基礎だからです。

土屋 公文というと算数・数学というファンも多いですね。「好きな教科を伸ばしてあげるのが一番いい」と考えているので、一教科なら、お子さんが一番好きな教科を選ぶといいと思います。

林 算数と国語の二教科をされる方が多いのですが、幼児さんの保護者から「一教科ならどの教科がいいですか」と相談されることも少なくありません。算数の計算で高速に回る頭脳を育ててあげるか、国語で文字や言葉を学び、すらすらと音読できるようにするかですごく迷いますが、算数と国語のプリントをやってもらい、好きそうな方を取るようアドバイスしています。

陰山　公文は算数も国語も教材がいいです。算数は脳を鍛えますし、国語は知識を増やしますから、どれか一教科と言われたら、迷いますよね。

効果を実感しやすい教科だと算数です。勉強が好きな子、主体的に勉強する子に育てるには、「思ったよりも自分はできる！」と思わせることが大切です。そうすると勉強が好きになります。

いずれの教科をやるにしても、お子さんができたときに褒めるのはどなたでもやっていると思いますが、褒めるだけだとちょっと甘い。驚くのがいいです。ただ、子どもは敏感に感じとるので作為的に驚いてあげるのはなかなか通じにくい。

こちらの感性を楽にしておくと子どもも楽になって実際に伸びる瞬間がありますから、このときに自然に驚くといいですね。そうすると、子どもが自発的に勉強するようになると思います。

今の保護者は変化している？

土屋　私は一九八五年に教室を開設しましたから、四十年ぐらい経ちます。昔の生徒さんがお子さんを連れてまた教室に来てくれることもあり、うれしいですね。始めた当初と現在では通信手段が変わりましたし、外国人の生徒さんも増えました。学歴にこだわる保護者、こだわらない保護者など価値観も多様化していますが、「我が子が一番かわいい」という保護者の想いは変わりませんね。プリントの学習枚数や進度は、ご家庭の考え方やご様子を聞き、話し合って決めています。子どもたちの方から「こうなりたいから、もっとたくさんください」と言ってくることもよくあります。

始める時には、確実にできるところから始め、百点を積み重ねることによって自信を持ち、子どもの「もっとやりたい」という気持ちを引き出すようにしています。

佐藤 私も保護者の本質は変わらないように思います。ただこんなことがありました。海外に転勤した方とリモートで話した時は表情が穏やかで、少しのんびりした感じを受けましたが、帰国したら顔つきが険しくなる時がありました。海外にいる方が、気持ちが楽だったようです。今の日本社会は情報が多すぎる感があり、「情報弱者」にならないよう多くの方が非常に苦慮しているからだと思います。もう少しゆったりとして、海外の多様性を認める形を取り込みたいです。

陰山 「保護者はあまり変わっていない」と聞いて、驚きました。公文式教室に通わせているご家庭だからあまり変わらないのかもしれません。

今の保護者世代のほとんどと三十代の教員は、ゆとり教育を受けた世代です。教科書が薄くなり、一番簡単な学習内容でした。あの時、私の百ます計算などのドリル、公文式教室の教材が、基礎学力をつけられるよう、子どもたちを支えていたと感じます。今の学習指導要領では難しいことも学びますから、今の保護者とそのお子さんとでは、学校での学習の難易度がかなり違います。

私が山口小学校に赴任して、「読み書き計算」を反復練習させ、宿題を出した時、保護者はみんな協力的でした。ところがゆとり教育の時代に「個性尊重」という言葉が蔓延し、「君は君らしくていいよ」という世の中になりました。そのためか、「うちの子はディスレクシア[*3]（読み書きに困難がある症状）だから」「発達障害[*4]だから」と言って、正確な診断がなくても、「読み書きを強制しないでください」という人もいます。家庭により考え方が違うのです。

林　最近の保護者を見ていると、すごく熱心な方とそうじゃない方がいらっしゃって、すごく二極化していると感じます。熱心な方からは質問の電話がたくさんかかってきますし、そうではない方からはやることが全然わからなくて電話がかかってきます。毎日、頭を切り替えながら対応しています。

親は子育ての監督

陰山　近年は宿題を出さない学校が出てきています。

私が小学校の教員をしていた頃は、子どもたちに毎日宿題を出して丸つけをしていましたし、公文式教室も生徒さんに宿題を出していますよね。基礎学力を育てるには十～十五分ぐらいの短い時間でいいから、毎日積み上げていく必要があります。ところが、今はそれがやりにくい状況になっています。宿題を出さない学校があるだけではなく、「個性尊重だから、君は君らしくでいいんだよ」と言って、子どもを伸ばすというようになっていないことが多いように思います。

日本国憲法に定められた国民の三大義務は教育、勤労、納税です。教育については憲法第二十六条第二項に「すべて国民は、法律の定めるところにより、その保護する子女に普通教育を受けさせる義務を負ふ。義務教育は、これを無償とする」と書かれています。だから保護者が、「うちの子は勉強したくないと言っているので、させません」というのは本当はおかしい考えなのです。また、二〇〇六年に改正された教育基本法には、「家庭教育」の項目が新設され、「父母その他の保護者は、子の教育について第一義的責任を有する」と明記されています。家庭学習の重要性が明文化されたのです。

私は昔から「親は子育ての監督」だと言っています。学校も塾もコーチであり、その責任は限定的です。だから、保護者が我が子の学力を伸ばし、大人になった時に社会的に自立できるようにするための戦略を立てることが必要です。

林 公文式教室でも、小四で高校教材をやっている生徒さんがいる一方で、家庭での学習をまだしっかりとできない生徒さんがいることも事実です。先ほど陰山先生が社会的に自立できるようにするための戦略という話をしてくださいましたが、どの子も伸ばして社会的自立につなげるためには、公文の学習でも、保護者の方とタッグを組むことが不可欠だと思います。

陰山　まず、学習の時間の管理をしっかりできるようになるとよいですよね。教室に来てから帰るまでの時間の管理はもちろん大事だし、その日にプリントを何枚させるのかも大事です。その生徒さんにとって伸びたといえる時間をきちんと把握して、学習のリズムをつけることが大切ですね。

「我が子の社会的な自立は保護者の責任」だと思うのですが、そのためのアプローチは、まずこういうところからなのではないかと思います。

苦手意識を持たせないことが大切

陰山　基本は、子どもに苦手意識を持たせないことです。私の得意技は、子どもが「自分はできないかもしれない」と思う隙を与えないよう、教室に入って「今からやるよ」と言ったら、すぐに取りかからせることです。

公文の教室に生徒さんが来たら、ぐずぐずする暇を与えないようにするのがよいですよね。子どもたちはできるとやる気になるし、伸びていきます。

土屋　指導をする側もスピードが必要だという理解でいいですか。

陰山　はい。その通りです。スピーディにやるのがよいと思います。

土屋　苦手意識を持たせないということについては、教室を始めた頃に大失敗をしたことがあります。二桁引く二桁の引き算をしていた生徒さんに、「今日から三桁引く三桁の引き算です。難しいけど頑張ろうね！」と励ますつもりで言ったら、「難しいなら嫌だ」と拒否されました。「しまった……」と思い、次の生徒さんには「今までは二つずつしかなかったけど、今日は三つずつあるの、楽しそう。どっちやる？」と言ったら、「三つがいい」と言って、スムーズにステップアップできました。

陰山　苦手意識というネガティブな感情はノイズになり、子どもの知能を鈍らせますね。

土屋　私は『ハリー・ポッター』シリーズに登場するダンブルドア先生の魔法の杖を持っ

ています。問題を解けず、「できない」と言っている生徒さんには、「大丈夫。今から魔法をかけるから」と言うこともあります。不思議なもので、そうすると「できた！」と解けることがあります。「でしょう！」とにこやかに応えますが、苦手意識を取り除いてあげ、自己肯定感を高めることによって、子どもは伸びると感じています。

陰山　安心とか心地よいという感情が子どもを伸ばします。ほとんどのお母さんは「我が子の成績があがってきたら、将来幸せになれるだろう」と思っています。でも私は違うと思うのです。今、幸せだから学習に集中できてかしこくなるのです。今、幸せであるかどうかを考えてほしいですね。幸せなら子どもはかしこくなります。

我が子の今を幸せにするためには、家の中でいかに心地よく過ごせるかを考え、「早寝早起き朝ごはん」の生活習慣を身につけさせることが大切だと私は伝えています。親が幸せだと思っている家庭は、すごく和やかです。だから、親が幸せであることが大事ですね。

先ほど、「親は子育ての監督という自覚を持ってほしい」という話をしましたが、プレッシャーに感じる必要はありません。我が子の将来をバラ色に思い描いて、自分が積極的に作り上げていくんだとポジティブに考えればいいのです。私はよくX（旧ツイッター）で、子育て中のお母さん方に「お気楽にいきましょう」と言っています。

佐藤 今の日本社会では、「成功するにはこういうことが求められる」といったすり込みがあり、それに自分を合わせようとして無理が生じているように思います。「この子は笑顔がかわいい」「人に優しい」といった我が子のいいところを見て、どうしたら幸せになれるのかを考えていけばいいのではないでしょうか。考えて出した答えが変わっていくこともあると思います。

子どもたちに基礎学力を！

林 今、保護者面談中で多くの親ごさんと話しています。一人ひとりが違ったプリントを学習して、自分の目標に向かい合う。そして基礎学力を盤石なものとして、日本でも世界でも貢献できる人材になってほしいと願っています！

佐藤　昔、公務員をしていた時に、ある国の大使館の方から電話をいただきました。「日本政府が言ったら国民が納得するから、文書を出してほしい」と頼まれたので、「あなたは自分の言葉で自国民に対する文書を書かないんですか？」とお伝えすると、その方は「そうですよね」とおっしゃって、電話を切りました。やはり、自分の言葉で伝えるべき、という思いがあるので、陰山先生の今日のお話を胸に、自分の言葉できちんと伝えていきたいと思います。

土屋　知的好奇心に応えるために、ご家庭でできることをおすすめすることがあります。地図をパネルに貼っておき、買い物から帰ってきたら、「今日は長野県の牛乳を買ってきた」などと言って、産地を地図で一緒に確認したり、ニュースで出てきた国や地名を地図で探したりすると毎日地図を見ることになります。

家事は総合力で、理科、社会、数学など全ての教科が関係しています。たとえば子どもと一緒に料理を作ることはアルゴリズムを考え、手順通りにやることにつながります。単位の変換も必要です。このことは、分数計算を正確に解くことにつながります。また、旅行の計画を立てるときに子どもも巻き込んで、一緒にルートを考えたり、観光名所を調べたりすると旅行はさらに楽しくなります。

このように、生活の中で子どもと一緒にできることはいくらでもあるという話をすることがあります。公文は頭のごはん、読書は心のごはんですから、時には手を抜くことがあっても良いと思いますが、毎日学習したり、本を読んだりすることが当たり前になってほしいです。読み聞かせは「あなたが大好きよ」と伝える時間です。保護者の方が、肩の力を抜いて、本の読み聞かせなどに楽しく取り組んでいただけたらいいなという思いが、本日、この座談会に参加してさらに強くなりました。

陰山　公文教育研究会の創始者・公文公先生が公文を作られた経緯を書いた本を読んだとき、「子どもに良くなってほしい」、「自立した人間に育ってほしい」という想いが根底にあると感じました。その想いを素晴らしい公文式という形に体現された公文先生を尊敬しています。

陰山メソッドと公文はライバルと思われているかもしれませんが、そうではありません。基礎基本を大事にするという考え方は、陰山メソッドのドリルも公文も同じです。それぞれの良さを生かしながら、一緒に子どもたちに基礎学力をつけていきましょう。

＊1『自分の脳を自分で育てる』…川島隆太著。くもん出版より二〇〇一年刊行。
＊2『和俗童子訓』…江戸時代の中期に、筑前の国（現在の福岡県）福岡藩の藩士であり、本草学者、儒学者であった貝原益軒によって書かれた教育書。日本で最初のまとまった教育論の書物とも言われている。
＊3 ディスレクシア…学習障害の一つのタイプ。知的能力、理解能力などに異常はないのに、文字の読み書きに困難があること。
＊4 発達障害…広汎性発達障害、学習障害、注意欠陥多動性障害など、脳機能の発達に関する障害。

第3章

集中反復で基礎学力を身につける

1 なぜ今、公文の先生とお話ししたか

陰山メソッドも公文式の学習も、基礎学力を身につけることを重視しています。その基礎学力については、今、世の中に誤解が広まっているように思います。そんななかで、**なぜ今、公文の先生とお話ししたのかというと、日々子どもたちの力を伸ばそうと、子どもたちと関わっておられる公文の先生と、基礎学力を正しく身につけることの大切さを再認識しあいたいと思ったから**です。そして、それを皆さんにお伝えして、保護者の皆さんに、我が子の未来のために今必要な学習が何なのかを知っていただけるのではないかと思ったのです。

公文教育研究会の創始者・公文公先生は、小学生の息子さんのために、本人が自習で毎日無理なく続けることができ、かつ着実に学習効果を上げていける算数・数学の

教材を作られました。息子さんが小学六年生の六月までで微積分までを学習したとお聞きしました。その教材が原型となっている公文式教材は、基礎が完全にできるようにして、ゆるやかに次の段階にステップアップできるようになっていて素晴らしいと思います。

日本の教育の歴史を紐解くと、明治時代の文明開化は、江戸時代の学習のおかげだと言えます。江戸時代には子どもたちに「読み書きそろばん」を教える寺子屋が全国にありました。江戸時代の数学者・関《せき》孝和《たかかず》は微積分学の発展よりも前に微分法と積分法の基礎を発見しています。また、現在の経済学のデリバティブ取引ですが、実は江戸時代に大坂（現・大阪）にできた堂島米市場が、世界初の組織的な先物取引所として知られています。

江戸時代の寺子屋での「読み書きそろばん」は学習の基礎基本でした。私は、その基礎基本を大事にするマインドを持った公文公先生と、百ます計算を開発された岸本裕史先生を尊敬しています。

立命館小学校の副校長をしていたときには、公文式教室で勉強しているお子さんたちが受験して入学していました。お母さん方からお話を伺うと、歩いて通える距離にある三、四カ所の教室をすべて見学して、通わせる教室を選んだそうです。我が子の教育のために労を惜しまない保護者の熱意に、感心した覚えがあります。公文の先生との座談会では、指導されている先生方とお話をして、指導する方々の熱意や考えに共感や驚きがあり、やはり感心しました。

2 私の考えと公文式の教育の共通点

私の考えと公文式の教育では、「基礎の学習で子どもたちの学力を伸ばしたい」という思いと、基礎を固めて着実に学力を伸ばしていくやり方が共通しています。実際に、陰山ドリルや公文のプリント教材をやっている子どもたちは知能があがっています。

また、**自分の力で教材を解いていくことにより、「やればできる」「だんだん計算が速くなった」など、自己肯定感を持つことができる**ところも共通しています。

陰山メソッドの対象は主に幼児と小学生です。公文式は、知的好奇心を持った子どもがかずかぞえ、歌とことば、英単語から始め、高三レベル、さらには大学教養課程レベルまで系統的に教材が作られているのが素晴らしい。

現在は学力の二極化が激しいため、百ます計算を二分以内でできる幼稚園児が結構いる一方で、かなり学力が低い子どももいます。公文は一人ひとりの能力と意欲に応じて最適の教材を提供し、スモールステップでゆるやかに学年を越えて進むところが最大の強みだと思います。先生がその子にちょうどよい教材を渡してくれる。だから、自分の力で学習を進められるのです。

保護者のなかには、「どんどん難しい問題に進ませてほしい」と思う方もいるでしょう。でもその意向を反映しすぎて、その子の実力が十分じゃないのにレベルをあげて、難しいものをやらせることには注意が必要です。

その子の実力に応じた教材を、丁寧に積み上げていくことで、子どもは負担を感じることなく、学力が伸びるのです。

3 頭がいいとはどういうことか

基礎学力とは情報処理力だということをお話ししてきましたが、**頭がいいというのは、その情報処理の速度が速いということ**があると思います。

たくさんの子どもたちを教えてきましたが、「頭がいいなぁ」と感じる子どもが特に多かったのは、一九八九年に山口小学校に赴任して最初に受け持った三年生の学級です。当初から頭がいい子もいましたが、ほとんどの子どもは四年連続して受け持ち、百ます計算をはじめとする反復学習を続けるうちにどんどん知能があがり、頭が良くなりました。結局、山あいの小さな小学校の卒業生五〇人のうち七人が国立大学医学部をはじめとする難関大学に進学しました。

赴任当初、教室が殺風景だったので、画用紙の半分の大きさの紙を配り、草のデッサンをさせて教室に飾ることにしました。そのとき、一人だけ超緻密な絵を描く女の子がいて驚きました。その子は、テストはもちろんのこと、何をやらせても完璧で、六年生が終わる頃には小学校にある問題をすべて解いていました。

山口小学校のある朝来町（現・朝来市）は田舎だったから、進学塾と言えば中学生対象の個人塾が一軒あるだけ。その塾は入塾テストに難問ばかり出すので、平均点が四〇点ぐらいだったようですが、彼女は満点でした。本当に頭が良かったので、東大も狙えたと思いますし、難関国立大学に行ける学力でした。そんな彼女は、地元の看護大学に進学。大学卒業後は地元の病院に勤務し、たった数年で看護師長になりました。抜群の頭脳を研究などに生かして世界的に活躍してくれるかも、などと勝手に思ったこともありましたが、とにかく、自分の人生を切り拓いています。

山口小学校で最初に受け持った子どもたちのなかに、彼女同様、高校でトップクラスだった男の子がいました。彼の担任の先生が私のところに来て、「有名大学を受けるように説得してほしい」とおっしゃいました。東大や京大に受かる学力があるのに、「鳥取大学がいい」と言ったそうです。田舎の高校なので、東京の高校の生徒のように「有名大学に行きたい」という気がなかったようです。保護者のなかには、「東京の大学に行ったら絶対田舎に帰ってこないから、頭が良くない方がいい」と言う人もいたくらいです。その子は、兵庫県に比較的近い大阪大学に自分の好きな分野を研究している教授がいることを知り、理学部へ行き、大学院でも学びました。

彼らは、大学受験に直面したときに、自分の送りたい人生の方向に、難なく向かうことができたのです。

大学受験は、受験のテクニックや志望大学の傾向を研究し、対策することが有効です。ただしそれらを短期間で身につけるには、やはり基礎学力が大切なんだということです。人生を自分で切り拓く意志と力を備えている子は、そのベースにまぎれもなく基礎学力があるということは、これまで教えてきた子どもたちが証明してくれていることです。

4 難しい問題を解けば頭が良くなるというのはファンタジー

私が小学校の教員になっての経験から言えることですが、**学力向上に努力と根性は不要**です。努力と根性で長時間勉強しようと思っても、成績が真ん中よりも下の子どもは勉強が苦手だから、伸びません。

勉強にあまり時間をかけないことが大切です。反復学習が大事だと言い続けていますが、**だらだらと長時間やるのではなく、集中して短時間でやること**がコツです。だらだら反復学習ではなく、集中反復学習が大事だということです。

最終的には、難しい問題も解けないといけないのですが、難しい問題を解くためには必要となる基本的な要素がいくつもあって、それら一つひとつを確実にできるようにしなくてはなりません。それなのに、知識が中途半端で、基礎のレベルが低い状態で難しい問題を解こうとすると、なかには努力と根性で解ける問題もあるかもしれませんが、ほとんどの問題は解けません。解けないと精神的に追い込まれ、自信をなくしてしまいます。

「難しい問題を解けば頭が良くなる」というのはファンタジーであり、願望です。難しい問題を解いて頭が良くなればいいのですが、残念ながらそんなことはありません。思い出すべきことを瞬時に思い出せるといったハイレベルの能力が完全に身についていれば、難しい問題をさっと解けます。こういう状態なら頭が良くなりますが、中途半端な知識でうんうん唸りながら難問に取り組んでいるようでは、頭が良くなるどころか、自信喪失によって、他の勉強までできなくなる危険があります。

難しい問題がさっと解けない事態に直面したときには、そのまま難しい問題に挑戦するのではなく、難問を構成している基礎に戻り、その基礎を確実に固めていくことが必要です。

解けないから基礎に戻るのなら、「最初から基礎を固めておこう」という話になります。最近は学習結果をＡＩ（人工知能）が分析し、つまずいたところに戻って学習させることが流行っているようです。どこまで戻るかというと、中学生や高校生でもだいたい繰り上がりのある足し算、繰り下がりのある引き算まで戻ります。

私立中学の御三家と言われる麻布中学校に通う生徒が、小学六年生の夏、算数に伸び悩んだ時、その危機を脱した方法は、百ます計算ではなくて、『プレ百ます計算』*で、十ます計算をやり直したことだったと聞いたことがあります。その大胆な戻り方に大変驚きました。

*『プレ百ます計算』…小学館より二〇〇五年刊行。

5 苦手に思う瞬間を作らない

勉強する時に、メンタル面はとても大事です。勉強が得意な子どもは自分に自信が持てているので、自発的に勉強に取り組めます。逆に、「一生懸命やったけど、できなかった」という時は、子どもの心に大きなダメージを与えます。**子どもが「勉強は苦手」「無理。できない」と思った瞬間に、脳は働かなくなります。**「できないかもしれない」という苦手意識があると、それが頭のなかでノイズになり、もう考えることができなくなってしまうのです。

たとえば「算数は苦手」「数学できない」と思った瞬間、数字や微分積分の記号を見ただけで逃げ出したくなります。だから、苦手意識をできるだけ作らないようにし、苦手意識がわかった段階で、すぐにその苦手意識をなくす必要があります。

算数が苦手な子どもは、低学年の時点ですでに苦手意識を持ち始めることが多いです。子どもがつまずくときには必ず理由があるのですが「えっ、そこがわからないの？」と大人が思うようなところでつまずくことがむしろ多いです。たとえば、十進法や小数などの概念です。子どもにとって小数は身近ではないので、ピンときません。十の百倍、百の十倍などと0が増えていくのも理解しにくいのです。

基礎的な計算が頭の中に完全に入っていれば、分数も小数も基礎的な計算の応用ですから、苦労せずにできます。だから**分数や小数ができない子どもは基礎的な計算ができない場合が圧倒的に多い**です。それなのに、「分数と小数ができないから、分数と小数の問題をたくさんやらせる」というのは、苦手意識やコンプレックスを子どもたちに植え付けてしまうので、やってはいけないことです。

子どもがつまずいているときには、何がわからないからできないのかを分析することが大事です。その分析をせずに「難しいよね。でも頑張ろうね」と言って**苦手なものを頑張らせようとすると、苦手の積み上げが起きるだけ**です。苦手な教科や分野はない方がいいから、苦手なところがあるとわかったら、すぐに苦手を潰さなければいけません。なのに、「苦手がわかったら、すぐに対策する」という大切なことがあまり意識されていないように思います。

私が**百ます計算を最初にやらせるのは、「やればできる」簡単なものだから**です。時間を計って百ます計算をやると、やっていくうちにタイムがあがっていくのがわかるので、自信につながり、やる気が出ます。

しかし、計算に苦手意識を持ってしまった子どもは、百ます計算のプリントを見ただけで恐れをなしてしまい、いくら練習させようとしても練習しません。というかできないのです。ですから、小学二年生までの段階で「計算は苦手」「できない」「自分は頭が悪い」と思わせては絶対にいけません。**子どもが苦手に思う瞬間を作らないことが何よりも大切**です。

勉強が得意な子どもに学習させたり、もともと高い計算力をさらに高めたりするのは簡単なことです。ところが、子どもが計算に苦手意識を持っていると、勉強をさせるのも、計算力を高めるのもかなり困難な作業になります。

6 当たり前のことが当たり前にできるというのは、すごいこと

苦手意識を持ったまま高学年になってしまったら、苦手意識を取り除かない限り、伸びません。思い切って一年生の勉強からやり直すのがベストです。

「一年生の勉強からやり直そう」と言われた五、六年生の子どもは、恥ずかしく思ったり、怒ったりするでしょう。むしろ、怒らせるぐらいがちょうどよくて、「そんなに怒るならやってみて」と言って、1＋1からやらせましょう。2と答えたら、本気で褒めます。これが、つまずいた子どもを伸ばす方法です。

できて当たり前のことが当たり前にできるというのは、実はすごいことなのです。「できて当たり前」と上から目線で見ていると、子どもを伸ばせません。当たり前のことが当たり前にできるすごさを理解する必要があります。

そして一年生の学習ができれば二年生、二年生ができれば三年生と、できた時には褒めながら順番にやっていきます。五、六年生の脳細胞は発達していますから、**基礎である一年生の学習から丁寧に積み上げていけば、学力を上昇させることができます**。脳の成長は早いのです。

公文の場合には、学習レベルごとにたくさんのプリントがあり、学年に関係なく、自分のレベルのプリントをやれますから、勉強が遅れてしまった子どもが追いつきやすいと思います。この時、子どもに与えるプリントを的確に選べるかが重要です。**子どもが苦手意識を持たずにできるものをさせることが大事**です。

7

だらだら反復ではなく、集中反復することが大切

教科の学習は教科書に従って次々に新しいことが出てきますが、その土台となる基礎学力は「こうやって培《つちか》い、この程度までやりましょう」というものではありません。個々人の資質や家庭の取り組みによって大きく異なってきます。

私が山口小学校で陰山メソッドを実践したときから今日まで、ずっと力を入れているのが、徹底的に反復するということです。人間は、一度やっただけでは大事なことでも忘れてしまいます。そのことをみんな知っているはずなのに、なぜか学習については「忘れてはならない。忘れるはずはない」と思っているようで、「なんで忘れるんだ。こんな大事なことを覚えていないのか」と言いがちです。でも、それは無茶な話です。人は必ず忘れますから。

新しいことを学んでも忘れるということを前提に、どうケアしていくかが子どもを伸ばすことなのです。つまり子どもの学力を伸ばすこととは忘れさせないことなのです。

しかしそれでも忘れます。そこで次に重要なのが思い出させる学習です。すぐに思い出させるには同じものをやらせることです。私の同じドリルを何冊もまとめ買いする家庭があるのはそのためです。**プリントやドリルなどに決まりきった答えを書いていくことが思い出すトレーニングになります。わかり切ったことを繰り返し反復する効果は大きい。しかし多くの人はそれを見くびり、子どもに苦労させ、できなくしてしまっているのです。**

私の場合、「絶対にこれだけは忘れてはならない」という基礎基本を絞り込み、それを絶対に忘れないよう、「集中反復」させます。

反復学習にもいろいろあって、長時間かけてだらだらと反復する「だらだら反復」、何をやっているかよくわからないけれど、とりあえず繰り返す「無目的反復」では効果が出ません。「漢字を十回書きましょう」と言われたから十回書くというのでは、書くことが目的化してしまい、やればやるほど子どもたちは漢字を覚えられなくなります。「漢字を覚えること」を目的にして、**短時間集中して「反復学習」**するのです。**集中力は、時間あたりの作業で決まります**。努力と根性で時間をかけてたくさんの量をやるのは「集中する」とは言いません。**目的を持って短時間で集中的にやることによって、子どもたちの学習が進みます。だから集中反復が大事**なのです。

公文の学習でも、時間を計って学習をします。集中力が大切だということですね。**長時間だと集中力が途切れる子どもも、短時間だと集中してやることができます。**心地よい勉強を繰り返していくうちに、多少時間が長くなってきたとしても、集中力は途切れなくなります。**子どもの脳を育て、知能を高めるのは集中力**です。お子さんが家庭で勉強しているときには、集中しているかどうかを見てあげてください。

陰山メソッドのドリルでも、集中して勉強すると、一年分の学習を三カ月で終えるということがごく普通に起きています。そうなると先々の学習を自ら進める追い越し学習が可能になります。

ただ、覚えた基礎もしばらく放っておくと、残念ながら抜けてしまいます。そんな時には、さっとできるところまで戻り、短時間でさっと勉強を終わらせる練習をするといいと思います。

だらだらと長時間勉強させるのではなく、絞り込んだ基礎基本だけを集中して短時間でやらせます。このような集中反復学習をしていると、「こんなに難しい問題が解けちゃった」ということが起きます。この時、「やはり基礎基本が大事だ」ということを痛感します。

8 勉強は短い時間で終えて自由な時間を楽しむ

「勉強は苦労してするもの」「苦労させないと能力は伸びない」と考える方もいるかもしれませんが、私の考えはまったく違います。山口小学校からはじめたこれまでの実践から、集中して反復することで、**苦労しなくても基礎学力は身につき、どんどん成長していける**と確信しています。

ハイレベルの基礎学力を身につけ、集中して勉強できるようになると、勉強は短い時間で終わります。私の教員時代、子どもたちに学力がついて高速で授業を終えられるようになると、残りの時間にＮＨＫの『地球大紀行』などの科学番組を見せることもありました。このように、勉強を短時間で終えると時間を有効に使うことができるのです。家庭学習でも、やるべきことを集中して早く終わらせて、その後は外遊び、読書など、いろいろな楽しい体験や興味があることをしてほしいと思います。

楽しい体験、経験は、子どもたちの感性を刺激して育みます。AI（人工知能）にできないことは、人間の感性から生まれる創造です。だからこそ、子ども時代に、感性を育んでほしいと思うのです。

何かをしてみたい、どこかに行ってみたい、好きなことに取り組みたいという気持ちや、何かを作ってみたい、小説を書いてみたいなどの意欲は、知的好奇心から生まれます。子どもは、もともと知的好奇心のかたまりみたいなものです。でも、**自分の好奇心や、興味のおもむくままに活動するには、時間の余白が必要**です。勉強に長い時間をかけずにさっさと終わらせて、子どもたちに、自由な時間を作り出してあげたいものです。

第4章

小学校の学習

1 学力のフタコブラクダ現象がより顕著に

　昔の子どもの学力分布は、真ん中が一番多い山型でした。それがゆとり教育になって、学力が二極化するフタコブラクダになり、現在はその二つの山が離れ、**学力分布の二極化がさらに進んでいます**。子どもが幼い時から、百ます計算や公文式のプリントで学習を進めている家庭もあれば、教育どころか生活がなりたっていないような貧困家庭もあります。

　小学一年生の時点で高学年の学力レベルの子どももいれば、学校の授業についていけない子どももいます。また、まじめに取り組んでいるのに基礎学力がないまま高学年になってしまっている子どももいる

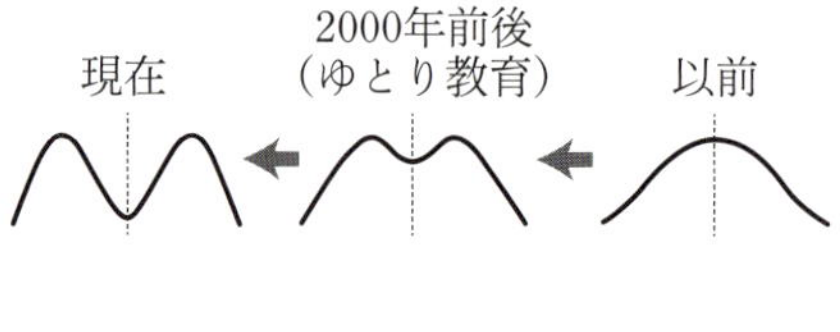

のが、今の小学校の実情です。

近年は、選挙の投票率の低さが話題になっていますが、最近、私は「投票しない」のではなく、「低学力のために投票できなくなっている」のではないかとも考えています。学力が低い方の山に属する人たちが、政党名を読めなかったり、政党が主張していることがわからなかったりして投票したくてもできないのではないかと思うのです。もしそうだとすると、民主主義は根本から崩れてしまいます。話題になる大きな選挙ですら、半分を上回る程度の投票率では、一部の組織票が決定権を持ち、投票しない人がもっと苦しむ政治になってしまいます。学力の低下は社会を維持することすら難しくしていくのかもしれません。

やはり、学習の入口である小学校の学習が、本当に大切だと思うのです。

2 「理解が大切」の落とし穴

小学一年生の算数の教科書に「6＋7の計算の仕方を声に出して言ってみましょう」と書いてあります。これがさくらんぼ計算と呼ばれるものです。一つの数字を二つに分解して計算する方法で、そのときに使われる図が、さくらんぼの形に似ていることからそう呼ばれています。10を超える繰り上がりの足し算のときに、さくらんぼ計算で考えるよう、すべての教科書に書いてあります。

でも、小学一年生が計算の仕方を考えるのはかなり難しく、実際に、このさくらんぼ計算でつまずく子どもは多いです。

一けたの足し算は覚えてしまうとともに、あめやおはじきなどで「足す」ということを理解できればよいと思います。

私がX（旧ツイッター）でお子さんに百ます計算や陰山ドリルをさせている保護者と話していたら、「学校でさくらんぼ計算を習ったら、百ます計算のタイムが遅くなりました」と言われたことがあります。百ます計算が速くできることが自信になっていたのに、さくらんぼ計算を学校でやることによって、自信をなくしてしまうのは、もったいないことだなと思うのです。

3 小学校高学年の英語は七百から八百の単語が出てくる

小学五年生と六年生の二年間でどのくらいの英単語を学習すると思いますか。この質問を小学校の先生にしたら、答えられない先生が多く驚きます。使用する教科書によって異なりますが、**七百から八百の英単語を学習**します。

ゆとり世代の時代は中学校で週三時間くらい英語の授業があり、三年間で九百ぐらいの単語学習でした。ところが今は、小学五、六年生が週二時間の授業で、七百から八百の英単語を学習するのです。すべてを覚える必要があるわけではありませんが、そのくらいの数の英単語が掲載されている教科書を使用しています。

小学校の英語は、始まったばかりということもありまだまだ試行錯誤です。中学校の英語の教科書は小学校で出てきた英単語を学習してきたものとして編成されているため、中学入学後の一〜二カ月間は小学校の英単語を覚えることに時間を使い、六月ぐらいになってやっと中学の英語の授業に入れるという感じだそうです。

しかも、中学一年生の新出英単語は六百あり、二年生も三年生もそれぞれ六百出ます。高校入試では、これらの合計で二千五百以上の単語のレベルで作られることになっており、事実、高校入試の問題は近年難しくなっています。

そうすると知っておくべき単語の数はより多いということになります。

小学一、二年生は母語である漢字やひらがなを先にしっかりとやらなくてはなりません。現在は英語学習で、学習内容がかなり増えていることを自覚して、早目に基礎を固める方が良さそうです。**学習量が増えている以上、しっかりとした計画が必要**になっているのです。

4 小学校卒業時の目標

小学校卒業時の目標を教科別に説明します。

まず**算数で絶対に押さえておかなくてはならないのは、足し算、引き算、かけ算、割り算の加減乗除と分数計算**です。その後の方程式などにつながっていくから必須です。

小学校の学習が難しくなっただけではなく、実は中学校の学習内容もレベルアップしていて、その流れで高校入試も難しくなっていますので、何より加減乗除と分数計算を、それこそスラスラと「さっとできるレベルまで」を目指しましょう。

国語で重要なのは、まずは、いくつかの文法事項と習った漢字と熟語を全部覚えることです。さらに、たくさんの本を読み、文章を書くことも大切ですが、そのためにはは、**基礎的な漢字や熟語の読み書きができること、言葉の意味がわかり、表現できることが必須**です。国語も算数同様、基礎基本が大事なのです。今、「**応用**」や「**活用**」**と言われていて、国語の読解問題が非常に長文化し、問題の分量が多いですが、基礎基本ができていれば、対応することはそう難しくはありません**。

文章の読解が苦手な子どもは多いのですが、音読させてみるとその理由がわかります。まず、漢字で詰まって読めなくなるのです。だから、読解するには漢字力が必要です。幸いなことに漢字はコツを覚えるとどんどん覚えますから、上の学年の漢字も覚えていくといいと思います。

意外と知られていませんが、公立高校入試の漢字の書き取り問題に中学校で習った漢字は出ません。このことは小学校の先生でも知っている人はあまりいません。小学校で習う漢字が出ますから、小学生のうちに小学校の漢字をしっかり覚えておくことは、高校入試のサービス問題の予習をしていると言えます。しっかりと書けるようにしておくことが、将来の進路に大きくかかわってきます。

理科については、教員時代に中学校の理科の先生に「何をやっておけばいいですか」

と聞いたことがあります。そのとき、「小学校では、実験をちゃんとできるようにして、とにかく理科嫌いにしないでほしい」と言われました。「なるほどなぁ」と思うとともに、理科の授業で楽しいと感じたり、科学をおもしろいと思ったりすることが重要なのだと思いました。最近は理科の教科書の解説文は多くなっています。不思議に思われるでしょうが、漢字の読み書きのレベルがあがると理科のテストの点まであがります。教科書への理解が進むからです。

小学校ではまずは、国語と算数が重要だと思っていただいて結構です。中学につながっていくような理科、社会は関連する分野の読書をすると、意義があると思いますので、知的好奇心を養うことが大事です。

私は小学校の教師でしたから、小学生のうちに、学力を伸ばして、中学校の先生にバトンタッチしてきました。学校教育という範囲で絶対におさえておきたい目標であるということをお伝えしておこうと思います。

5 どうしたら自分から勉強してくれるか

小学生の子どもたちに自主的に勉強させようと思って、「自主的に勉強しましょう」と道徳的なお題目を百回唱えても、子どもはひいてしまうだけです。

では、どうしたら、子どもたちが自主的に勉強してくれるのか。答えは、実ははっきりしています。

自主的に勉強させるためのポイントは、「ちょっとやっただけで、すごく伸びた！」と、実感させることです。

子どもが勉強好きになる秘訣は、「最小努力で最大効果を得て、学力が伸びること」です。私が作った市販の算数ドリルのコツもそこにあります。少しの努力で効果があることを実感すると、自主的に勉強に取り組めるようになります。

長時間の勉強だと嫌になりますが、「たったこれだけ」「1日5分」なら、やってみようかな、と思いますよね。これらの教材は、コロナ禍で学校が休校になった時に、子どもの学習面を心配した保護者が、買い求めてくれました。約三カ月の休校期間にこれらの教材で一年分の学習を終えたという子どもたちがたくさん出ました。その子たちに共通していたのは百ます計算の速度が速く、漢字をしっかりと読み書きできて、基礎学力がついていたということです。

「ちょっとやっただけで、すごく伸びた！」と実感させるための教材は算数だけではなく、他の教科も作っています。小学館の『たったこれだけプリント』シリーズは重要ポイントだけを集めているので、「たったこれだけ？」と思う量です。でも、これだけやればいいんです。一・二年生は国語と算数、三年生から六年生は国語、算数、社会、理科の四教科です。

最近これを学校で採用し、一年で成績が爆上がりした事例があります。それほどに**要点を絞ることは効果抜群**なのです。

Ｇａｋｋｅｎの『1日10分おうちゼミ』は一年分の全教科が一冊になっていて、「1

日10分」で一ページやるだけです。授業動画、キャラ育成アプリと融合していて楽しく学べます。また、『早ね早おき朝5分ドリル*』シリーズは、学習課題を一つにして、短時間集中で学力を高めます。いずれもちょっとの学習ですごく伸びる教材なのです。
子どもたちのやる気を伸ばす「ちょっとやっただけで、すごく伸びた！」を実感させると、次につながるのだということを、是非覚えておいていただきたいです。

*『早ね早おき朝5分ドリル』シリーズ…Gakkenより二〇〇九年刊行。全三〇冊。

第5章

我が子の学力を伸ばすために家庭でできること

1

頭がいい子が育つ家の学習環境づくり

私は小学校の教師時代に、家庭訪問でいろいろな家を見てきました。**学習環境づくりとして一番重要なポイントは、心地よいということ**です。そのためには部屋が散らかっていて雑然としているのではなく、きちんと片づけ、整理整頓されていることが大切です。また、刺激的な色ではなく、落ち着いた色の方が心地よく過ごせます。**環境づくりで迷ったときには、「どちらが心地よいか」という観点で決めていけばいい**と思います。

私は二〇〇九年に、ある住宅メーカーとのコラボ企画で、「子どもが賢く育つ家」の提案をしました。その提案を取り入れた家は「かげやまモデル」と命名されました。

その中でもっとも強く提案したのが、**リビングダイニングの窓に面したカウンターデ**

スクです。一体型の学習机だと視界が遮られて圧迫感がありますが、窓に面した横長の机だと開放感があって心地よいので、やる気が出ます。私自身、横長の机を使っていますが、横に物が置けるのは便利です。必要なものをいくつも横に広げておき、キャスター付きの椅子で移動することもできます。

窓に面した横長机はキッチンの斜め前に置くようにするのがポイントです。**勉強する子どもの背中を親が見守ることができますし、子どもは親の顔色をうかがわずに勉強に集中できます**。困ったときに振り返ると助けてもらえる距離感も絶妙です。保護者が勉強を見てあげるときには横に座ります。ダイニングテーブルで勉強させるご家庭でよくありがちなのが、つい保護者が子どもの前に座ってしまうことです。そうなると、子どもは圧迫感を感じてしまいます。また、食事の支度が始まると勉強を中断しなくてはなりません。ですから、ダイニングテーブルではなく、横長の机で勉強させることをおススメします。

家庭訪問で感じたことですが、**リビングに本棚がある家庭のお子さんは成績が良かった**です。図鑑や辞書などを置いておくと、リビングでの家族の会話で出てきたこと、テレビで見たものなどをすぐに調べることができます。また、リビングで親が読書をする姿を幼い頃から見ていると、子どもも本を読むようになります。

「かげやまモデル」では、リビングだけではなく、長机、トイレなど、どこにでも本棚を置いています。目に入るところに本が置いてあれば、手にとって読んでみようか、という気になります。リビングには地球儀を置いて、ニュースなどで国名が出てきたら、お子さんに地球儀で調べさせるといいですね。**子どもの知的好奇心に応えられる環境を整えると、頭がいい子に育ちます。**

2 早寝早起き朝ごはん。生活習慣を身につけさせる

知能指数も学力も、「生活習慣」を整えることで必ず上昇します。**かしこい子どもにしたいなら、正しい生活習慣を身につけさせましょう**。

最近は生活習慣が学力に直接大きな影響を与えることは広く認められるようになりました。そのきっかけになったのは、私が山口小学校時代、子どもの学力と睡眠や朝食と学力の関係を明らかにしたことでした。子どもの生活習慣をアンケートで調べ、学力との相関を調べたのです。その成果は、私がその後赴任する広島県教育委員会に引き継がれ、広島県の調査によってもその相関が認められ、文部科学省による全国的な調査となったのです。「早寝早起き朝ごはん」は山口小学校の指導のために私が作ったスローガンだったのです。その縁で、現在は「『早寝早起き朝ごはん』全国協議会*」

の副会長を務めています。

子どもの脳のパワーを高めるために保護者ができることは、夜九時までに寝させ、朝六時には起こすことです。栄養バランスのいい温かい朝食をしっかり食べさせて、学校へ送り出しましょう。睡眠時間が少ない子どもや、朝食を食べずに登校する子どもの学力や学習意欲は低くなります。睡眠時間を削って勉強するというのは逆効果になりやすいものです。

勉強がよくできる子どもは多くが夜九時には寝て、朝食を欠かさず食べていることがさまざまな調査で明らかになっています。朝食の品数が多いと成績がいいというデータもあります。

十分な睡眠と栄養をとらせることが子どもの脳のパワーを高めますので、保護者の生活リズムを子どもの生活習慣に合わせる必要があります。家族全員ができる範囲で朝型生活にもっていきましょう。

「早寝早起き朝ごはん」に加え、**「読書手伝い外遊び」も大切にしてほしいです**ね。外遊び、家事の手伝いもさせ、夕食後は読書や家族との会話を楽しむことを習慣とするのをおススメします。

だらだらと長時間勉強させるのではなく、短時間集中して勉強させることが大事です。高学力のポイントは時間の長さではなく、集中の高さなのです。そのために時間を決めて、目当てを持って勉強したり生活したりすることが大切なのです。

＊『早寝早起き朝ごはん』全国協議会…文部科学省が二〇〇六年に開始した「子どもの生活リズム向上プロジェクト」事業と連動し設立。子どもの睡眠や食事の習慣に関する社会啓発や調査研究を行う。

3 小学校入学前の生活で大切なこと

長い教員生活で感じたのは、「かしこい子どもが育つ家庭は、親が温和である」ということです。家庭が心地よい空間になるためには、**お母さん、お父さんがいつも明るく朗らかで何があっても動じずに笑っていられるといいのです**。そうすると、子どもの気持ちが明るくなるし、何か失敗をしてもきつく叱られないから、子どもがのびのびと育ちます。叱らなくても子どもは善悪を親の姿から学びますから、厳しく言うことは必要ないのです。

その逆に**神経質で心配性のご両親だと、子どもはいつも何か言われないかビクビクして、集中できません**。その場合には、親が失敗を予測し、事前にどうすべきかを伝えておくことです。そして注意するときも、笑いながらするくらい明るく接しておくといいのです。

「子どもはこうした方がいい」「子どもはこうあるべきだ」と強く思いこみ、注意が多すぎると子どもの学力は伸びません。

子どもができない時には、理由があります。まずは、その理由を「何がわからないのかな」と考えてあげてください。そこは**子どもをよく見ておくこと**です。**子どもに悪意はありません**。**ただ不安になりやすいのです**。ですから理由も聞かずに非難や注意をしていると、子どもにはすさまじいストレスがかかります。

子どもはお母さん、お父さんに、やるように言われたドリルやプリントができて、ほめてほしいのに、できなかったり、間違えたりした時には、とても悲しい思いをします。それに加えて、できないことを非難されて追い打ちをかけられたら、入学前から勉強が嫌いになってしまいますから、気をつけましょう。

4

小学校入学前の生活で、家庭でやるべきこと

小学校入学までに家庭でやるべきこととしては、**できる範囲でいいですから、さまざまな体験**をさせてほしいですね。博物館や動物園、プラネタリウムなどに連れて行ったり、旅行に行ったときに陶器の絵付けやモノ作りなどに挑戦させたりするといいでしょう。

子どもは好奇心のかたまりですから、初めて見るものに興味を示します。何か聞かれたときに説明をしてあげると、子どもの知的好奇心に応えることができ、意欲的な子どもに育ちます。即答できないことを聞かれたときには、スマホで調べて画像を見せ、教えてあげるといいですね。

家庭では**絵本の読み聞かせ**をし、子どもの手が届く場所に絵本を置いて、**子どもが**

本に親しむ環境づくりも大切です。親自身が読書をする姿を日頃から子どもに見せていると、子どもに読書の習慣がつきやすいです。

また、子どもがお手伝いなどをやりたがる時にはできるだけやらせてあげてください。子どもがやると時間がかかるので、つい「早くしなさい」と言いがちですが、「早くしなさい」はNGワードです。お父さん、お母さんも忙しいでしょうが、急かさずに見守ることも大切です。

必ずやってほしいのが、子どもへの語りかけです。教師をしていたとき、低学力の子どもがいたので生育歴を尋ねると、仕事が忙しい親に幼い頃からほとんどかまってもらっていませんでした。**子どもは、親との会話によって言葉、知識、価値観などを学びます**。と同時に**自分が親から愛されている、支えられているという安心感も得ています**。小学校入学前には、新しいことができるようになった時、入学前の勉強を頑張っている時に「よく頑張ったね」と**褒めてあげることが大切**です。

5 小学校入学前の学習で大切にすること

私は十年ぐらい前までは保護者の方に「小学校入学までに自分の名前の読み書きができればいいですよ」と言っていました。学校での学習がそれほど難しくなかったので、習ったあとでしっかりと復習すればよかったのです。ところが、**学習内容が増えたこともあり、子どもたちは、一年生の学習に入る時に、ある程度準備ができていたほうがよくなっています**。

小学校入学の半年前から一年生の学習がとても大切です。この時期に**「勉強が苦手」という瞬間を作らないようにしましょう**。

大事な入学前の時間をどのように過ごすのか、学習戦略をどう立てるかがポイントになります。

筆記具をうまく使えるようにし、字を書く練習、読み書きの練習、簡単な計算練習などを始めるとよいでしょう。あまり早くから始めると、難しく感じる子どもがいるので、子どもにとって難しく感じないということが大切です。

まずは、筆記具選びです。「くもんのこどもえんぴつ」[*1]は三角の太い鉛筆ですが、このような鉛筆は、非常に優れた長所があると思います。幼児にはちょっと太めで持ちやすく、筆圧が弱くても滑らかに書ける点がいいです。6Bのやわらかい芯もあるので、筆圧が弱くても書きやすいです。細い鉛筆は入学前後の子どもには適していません。コクヨからは、「鉛筆シャープ」[*2]という入門期用のシャープペンシルが発売されています。低学年では、細い鉛筆ではなく、こうした太めの筆記具を使い、筆圧を上げすぎないようにしましょう。

筆記具を正しい持ち方で持てたら、運筆の練習をします。**計算が苦手な子どもは、運筆能力が低いことが多いので、しっかりと練習しましょう**。最初は書くスピードにこだわらず、書き慣れることを目標にし、お手本通りに書いてください。

実は、江戸時代に貝原益軒が書いた寺子屋の指導書『和俗童子訓』に、「まず書かせましょう」と書かれています。いきなり書かせることに少し驚きましたが、貝原益軒は運筆の重要性に気がついていたのかもしれませんね。

運筆から始め、筆記具を使い慣れてきたら、字を覚えることが困難ではなくなります。幼児が楽しみながら運筆力を高める教材として、公文式学習にはズンズン教材[*3]があります。陰山メソッドの教材としては、『徹底反復　一年生の漢字』や『はじめてのたしざん[*4]』があります。正しい筆記具の持ち方、机に向かう姿勢から始まり、運筆練習をします。数と文字を学ぶことは楽しいと感じるきっかけ作りになります。

入学前に算数は、一桁の足し算、国語はひらがなの読み書きができるようにしておくと、入学後がスムーズでしょう。

コラム

私が復習主義から予習主義に転換したきっかけ

私は二〇一六年から、福岡県田川市の学力向上アドバイザーとして、市教育委員会へ助言し、教員の指導に取り組んでいます。

二〇二〇年の四月にコロナ禍で休校になった時、「休校期間に、子どもたちに『たったこれだけプリント』をやらせてください。学校再開後には授業を三倍速でやってください」と教育委員会にお願いしました。

市内の小学校の児童にコロナ支援で『たったこれだけプリント』が配布され、多くの子どもたちが六月に学校が始まるまでに一通りプリントを終えました。

もともと百ます計算などの反復学習で基礎学力がついているところに各教科一年分の予習をしたから、ほとんどの子どもが高速授業を楽しんで受けることができました。わからない子どもは、わからないことを先生に伝えてアドバイスを受けられますから、最終的にみんなできるようになるのです。高速授業ゆえに、休校期間があっても反復できるのです。そうして十二月までに全教科の教科書を終え、その後は一年分の反復学習ができたので、子どもたちの学力が爆上がりしました。

算数の授業では「新しい単元を最終問題から入りましょう」と提案しました。なぜでしょうか。最初に最終問題を出しても、解ける子どもが数人います。基礎力があり、読みこなすことができれば自力で解けるのです。そして周囲の子どもはできた友だちに聞いたり、先生の説明を聞いたりして理解します。そして、最初から最終問題を瞬間記憶力で覚えていくことができるのです。また次の時間には前の時間の復習もやるので、確実に覚えます。その結果、算数は全学年で一気に過去最高の成績になりました。

三倍速の授業も、単元の初めに最終問題をやるというのも、提案したときには驚かれましたが、同時に「おもしろいですね」と言ってやってくれました。こうして田川市では、高速授業が普通になりつつあります。

また、コロナ禍において各家庭でも、大きな変化がありました。

『たったこれだけプリント』や『おうちゼミ』などにより、一年分の全教科を二〜三カ月で終える子どもたちが続出したのです。まったく予想外のことでした。こんなにも多くの家庭から一年分の学習を終えた報告が続いたので、私の考えもアップデートし、陰山メソッドは予習主義になっていったのです。

しかしこれは大人が先導する意図的な「先取り学習」とは違います。子どもは基礎学力が身につくとそれに応じて学習を自立してどんどん進めるようになります。そして、結果的に既定の学習を追い越していく「追い越し学習」になるのです。

第一章のコラムでも紹介しましたが、最近、東京都町田市や千葉県山武市で、漢字指導においてすごい実践ができました。問題も答えもわかっているとはいえ、二年生の漢字は百六十字で、決して低いハードルではありません。八〇点以上の合格者が九割近くいるというのは、すごい結果です。

このように集中は子どもの学力を短期間に伸ばすものなのです。

＊1「くもんのこどもえんぴつ」…くもん出版より一九八〇年から改良を重ねて販売。三角形で6B、4B、2B。

＊2「鉛筆シャープ」…コクヨ株式会社より発売。三角軸と六角軸があり、0・3ミリ、0・5ミリ、0・7ミリ、0・9ミリ、1・3ミリ。

＊3 ズンズン教材…公文の教室で学習される教材。ZⅠ教材からZⅢ教材まで。線を引く練習で構成され、運筆力・集中力・作業力を養う。

＊4『徹底反復　一年生の漢字』『はじめてのたしざん』…いずれも小学館より二〇一八年、二〇一五年に刊行。

6 小学一年生の学習で大切なこと

現在は以前よりも学習内容が増えたので、小学一年生といえども予習をする必要があります。といっても、特殊なものではありません。それは昔も今も「読み書き計算」であることは変わりません。というのも教科書の基礎が不十分なまま、応用的な問題が増えたため、基礎学力を家庭で高める必要がでてきたのです。

一年生の子どもたちが迎える最初の大きなハードルが、秋に習う繰り上がりのある足し算と繰り下がりのある引き算です。

このハードルは本当に高いものです。**ゆっくりならできるというようなことでは、先の学習をどんどん進めていくのには力不足です**。そこが以前とは大きく違うところです。そう考えると、まだ考える力がついていない一年生は、計算の仕方を考えるより、まず、できるようになるとよいのです。百ます計算より短時間でできる十ます計算で計算練習を繰り返す方が重要です。

計算力がどう伸びているかは、百ます計算のスピードでチェックできます。一年生が終わるまでに、足し算も引き算も二分以内が達成できれば、それ以降の計算に困ることはないでしょう。百ます計算のタイムをあげるには、百ます計算で苦手となる七の段などは十ます計算で徹底反復することが有効です。十ます計算で苦手な段をなくし、一段十二秒以内になれば、百ます計算で二分以内は普通に出てきます。決定的に重要なのは十ます計算なのです。

一年生で習う漢字、ひらがな、カタカナについては、百%読み書きができることが大切です。一年生が終わった時点で、百ます計算は二分以内、ひらがな、カタカナ、漢字は全部書けるようにしておくことが、二年生以降の学習を楽なものにします。

百ます計算が二分以内になれば、二年生で習う九九はあっという間に覚えます。夏休みには覚えて高速に言えるようにしておきます。そうすると二年生では時間に余裕ができますので、「算数は得意」と思えるようになります。そして三年生の秋に割り算をやりますが、このときに算数が得意か苦手か、ほぼ決まります。一年生が終わった時点で百ます計算が二分以内で、圧倒的な基礎学力を身につけていれば、その後の小学校の算数の勉強で困ることはまずありません。

子どもには知的好奇心があり、いろいろなことに疑問を持ちます。子どもによって興味や関心がある分野が違いますから、**知的好奇心のバリエーションを広げるためには読書がおススメ**です。一年生のときから読書の習慣をつけていると、子どもは伸びていき、そのことが自己肯定感や勉強が得意ということにつながっていきます。

学習内容が増えて、難しくなっているので、**家庭学習でも子どもを伸ばしていく覚悟が求められる時代になっている**と思います。

覚悟と言っても悲壮になることはありません。私は子どもたちには「できるようになるよ」と言い、保護者の方々には「お気楽に」と言っています。子どもたちは成長する存在ですから、信じて見守っていきましょう。

おわりに

令和の時代を迎え、世の中はますます混迷を極めているように思います。世界的なパンデミック、大国の戦争、世界のエネルギーの供給源での紛争、今までは考えられなかったような底割れ現象が世界中で起きています。学校教育も同じように信じられない時代を迎えています。

私が教師になって四十年余り、こんなにも膨大で難しい問題が教科書に出てくるなどということは想像したことはありませんでした。それに伴い、子どもたちの生活も全く違うものになってしまいました。中でも私が一番問題だと思うのは、友達同士身体をぶつけ合いながら思い切り遊ぶ体験が減ったことです。今、いくつかのモデル校で集中反復、自立速習の教育を進めていますが、その最終目標は子どもたちにゆとりを与え、学校でも家庭でも心ゆくまで遊ぶ生活を与えてあげることです。

実に皮肉なことですが、ゆとり教育に対して異を唱えた私が、子どもの生活にゆとりを与えることを目標とし、学力向上を追い求めてきた最終目標は子どもたちを心ゆくまで遊ばせることになったのです。今の子どもたちの苦しさは社会全体の危機でもあります。十年以上にわたって不登校が増え、社会的に自立できない若者たちがくだらない罪を犯してしまうことに、本当に歯がゆさを感じています。

日本国憲法は国民の最低限の生活を保障するために三つの義務を定めています。それは、勤労と納税、そしてそれを実現していくための教育です。子どもたちは学ぶことを権利とし、保護者は教育を受けさせることを義務としています。その土台が今、崩れていきつつあるように思います。私が中央教育審議会で委員をしたとき、国際学力調査（ＰＩＳＡ）において上位を回復することは至上命題でした。しかし私はそのために不登校を増やすことは絶対にあってはならないと考え、どうにか委員在任中はそれを実現できました。

しかし、私が委員を離れた直後から絶対やってはならないと思っていた学習の困難化と学習量の増大が始まり、それに併せて不登校が急増したのです。子どもたちの学力は本人の素質や能力以上に指導によって変わります。そしてその指導は子どもたちに伸びて欲しい、幸せになってほしいという願いによって支えられています。指導方法自体は本書で示したようにそんなに難しいものではありません。基本的なことを集中的に学習すればいいだけなのです。

今、失われつつあるのは、子どもたちによくなってほしい、幸せになってほしいという、大人たちの熱意です。私はこの本の中から学習方法を見つめ直してもらうと同時に再び子どもの成長や幸せを願う大人社会になっていってほしいと願っています。

公文式の創始者公文公先生は教師を辞め、塾という形で新しい力を作られました。私は師匠の岸本裕史先生に学びながら、各家庭に教材を提供する、学校にメソッドを提供する、そのことによってその使命を果たそうとしてきました。こうした願いがすべての日本の大人たちと共鳴しあい、新たな教育創造の流れになっていくことを願っています。

二〇二五年三月

陰山英男（かげやまひでお）

1958年兵庫県生まれ。岡山大学法学部卒業後、教職に就く。兵庫県朝来町立(現・朝来市立)山口小学校在職時に反復学習で基礎学力の向上を目指す「陰山メソッド」を確立し脚光を浴びる。2003年広島県尾道市立土堂小学校校長に全国公募により就任。立命館大学教授及び立命館小学校副校長を経て、現在、陰山ラボ代表。全国各地で学力向上アドバイザーを務め、講演会活動を行っている。
『本当の学力をつける本』(文藝春秋)、『学校を変える15分 常識を破れば子どもは伸びる』(中村堂)他、著書多数。陰山メソッドを教材化したドリルは「徹底反復」シリーズ(小学館)、「早ね早おき朝5分ドリル」シリーズ(Gakken)など、累計1500万部。

かしこい子がつけている
圧倒的基礎学力

2025年4月24日　初版第1刷発行

著者　陰山英男

対談　土屋育子　佐藤陽子　林美和子
編集協力　庄村敦子
ブックデザイン　小口翔平＋青山風音（tobufune）
写真　礒崎威志
校正　株式会社鷗来堂

発行人　泉田義則
発行所　株式会社くもん出版
〒141-8488
東京都品川区東五反田2－10－2東五反田スクエア11F
電話03-6836-0301（代表）
03-6836-0317（編集）
03-6836-0305（営業）
https://www.kumonshuppan.com/
印刷・製本　三美印刷株式会社

NDC370・くもん出版・160P・188㎜・2025年
 ISBN 978-4-7743-3860-6

CD 34258